Mensagens para *Júlia*

Pela médium
Mônica Aguieiras Cortat

do Espírito
Clara

Mensagens para Júlia

1-6-16-4.000

Direção editorial: **Flávio Machado**
Coordenadora editorial: **Isabel Ferrazoli**
Capa: **Júlia Machado**
Imagens da capa: **MNStudio | Shutterstock**
Agnes Kantaruk | Shutterstock
Projeto gráfico e editoração: **Marina Avila / Vitor Alcalde L. Machado**
Produtor gráfico: **Vitor Alcalde L. Machado**
Preparação: **Denise Dognini**
Revisão: **Danielle Sales**
Impressão: **Corprint - Gráfica e Editora**

Ficha catalográfica elaborada por
Lucilene Bernardes Longo – CRB-8/2082

Clara (Espírito)
Mensagens para Júlia / pelo Espírito Clara ; psicografia Mônica Aguieiras Cortat. – São Paulo : Petit, 2016.
240 p.
ISBN 978-85-7253-307-2

1. Espiritismo 2. Psicografia 3. Mensagens I. Cortat, Mônica Aguieiras. II. Título.

CDD: 133.93

Prezado(a) leitor(a),

Caso encontre neste livro alguma parte que acredita que vai interessar ou mesmo ajudar outras pessoas e decida distribuí-la por meio da internet ou outro meio, nunca deixe de mencionar a fonte, pois assim estará preservando os direitos do autor e, consequentemente, contribuindo para uma ótima divulgação do livro.

Mensagens para
Júlia

Pela médium
Mônica Aguieiras Cortat

do Espírito
Clara

Rua Atuaí, 389 – Vila Esperança/Penha
CEP 03646-000 – São Paulo – SP
Fone: (0xx11) 2684-6000
www.petit.com.br | petit@petit.com.br

"Tanto o inferno como o céu estão dentro de ti."

"Não pode haver fé verdadeira onde
a caridade estiver excluída."

Clara

Sumário

Prefácio

Grandes e vastos são os caminhos do Senhor. Aos irmãos que agora iniciam esta leitura é preciso explicar algumas pequenas coisas: no plano onde me encontro, busquei homenagear ao Senhor e me denominei Ariel, buscando assim, um dia, encontrar na paz e no amor de Deus inspiração e bondade. Embora sejam poucos os meus merecimentos, creio que graças a Ele tenho comparecido ao caminho explicado por nosso amado Jesus, acreditando assim ter começado enfim a servir ao próximo, pois dentro do teu próximo também se encontra Deus.

Onde vivo se encontra uma moça de nome Clara, que há muito tenho notado pelo seu caráter incomum e pelo iluminado semblante que apresenta. Possui a aparência simples, os cabelos negros, cortados na altura dos ombros, a pele é muito clara, tem mais ou menos 1,55 m, magra, graciosa, as mãos são longas e finas, de artista, e sua aparência é de uns 30 anos terrenos.

Enquanto estive aqui, com ela, notei uma história incomum de abnegação e candura, pois Clara foi arrancada da Terra num período particularmente difícil, devido a provas que ela mesma tinha escolhido. Das dores que apresentou em seu desencarne, a mais forte foi a de ter deixado para trás linda filhinha, de três anos de idade, que tem por nome Júlia.

Ao contrário de muitos que aqui chegam em semelhante impasse, Clara nem por um instante duvidou da vontade Divina nem a questionou, buscando rapidamente servir como serviu na Terra, angariando assim enormes simpatias de todos os que a circundavam. Trabalhou em hospitais, casas de crianças, ouviu os velhos e os novos que aqui permanecem. Em nenhum momento ouviu-se de seus lábios qualquer reprimenda, pois imensa era a sua fé.

Tão humilde foi Clara, apesar de na Terra ter vivido com um luxo relativo, que conseguiu uma façanha admirável. Notaram os nossos dirigentes que o amor pela sua pequena Júlia era puro, assim como a sua preocupação de mãe. Sendo assim, permitiram a Clara que visitasse e influenciasse a filha por muitos anos, até que sentisse sua responsabilidade materna cumprida finalmente.

"Não é o dever de uma mãe colocar os filhos no caminho de Deus?", Clara sempre perguntava.

Afinal, maiores que qualquer herança material são as heranças do espírito. Logo, por meio das mensagens de Clara a Júlia, vamos testemunhar, além do amor de uma mãe a uma filha, perfeitamente amigas e muito unidas, valores passados em situações tanto rotineiras quanto pungentes. E testemunharemos o quanto o amor desinteressado pode alterar a vida de um ser, mesmo quando ele se sente absolutamente só.

Ariel

Primeira Mensagem:

"Deus não abandona, Clara"

"Júlia..." foi o pensamento que me cruzou a mente quando notei o que tinha acontecido. E foi tão rápido, tão simples. Não me lembro de dor, mas sim de um enorme susto, pois num momento eu ia sentada no carro, ao lado de teu pai, no outro uma curva fechada, um barranco, um estalo grande... e me vi fora do corpo, olhando assustada tudo o que se passava.

Preparam-nos tão mal para tal momento, minha querida Júlia... Lembrei-me de imediato dos longos sermões em latim que escutava nas igrejas, e os padres que nos falavam com tal fervor do inferno... Que medo, Júlia! Ver meu corpo caído para fora do carro, deitado de uma forma confusa. Meu pescoço parecia estar deslocado, meus olhos abertos. Nos décimos de segundo seguintes compreendi estar morta, mas era estranho, tudo parecia tão igual! Eu respirava, sentia meus braços, e minha mão foi ao encontro de minha nuca que, ao contrário do corpo estendido na relva, estava em ordem.

Cruzei os braços de encontro ao peito e só pude murmurar:

– Ah... Júlia!

E com imensa pena chorei baixinho. Estava nesse estado de desespero quando senti um calor amigo que se aproximava; vozes cariciosas me diziam:

– Calma, Clara, repousa, estamos aqui contigo, e Deus não abandona!

Senti então como se mãos amigas passassem sobre minha cabeça, veio um sono poderoso e a ele me rendi. Mas, Júlia, como nunca meus pensamentos se voltaram para ti.

Desse meu sono eu me lembro angustiadamente, pois o sofrimento das pessoas que deixei na Terra me embalou por certo tempo. Ouvia os meus pais: minha mãe em pranto desbragado, meu pai em silencioso embaraço. Era filha única, acredito hoje que, embora não fôssemos tão ligados e pertencêssemos a naturezas tão diferentes, eles me amaram de sua forma e tudo fizeram por mim.

Deixei a Terra em agosto de 1942. Filha de pais abastados e cultos, nunca me faltou nada. Da minha infância me lembro das praias bonitas em que passeava à tardinha com minha querida Nana, bem segura por suas mãos negras e fortes. Ela me enchia de agasalhos e tinha um cheiro bom, que só muito mais tarde associei ao fogão e à lenha da cozinha. Madeira e mato, assim cheirava a minha Nana.

De minha mãe lembro perfeitamente: ela descendo em silêncio as escadas da casa, vestida com esmero e elegância. Tinha e ainda tenho por ela grande admiração, sempre muito limpa, cheirando a água de rosas. O rosto muito branco empoado, os olhos que pareciam ser cinza, os quais nunca pude notar direito, pois não era de seu feitio olhar diretamente para as pessoas. Filha de europeus, lembro-me ainda de sua impecável postura, sempre reta, e muitas das vezes que falou comigo ralhando um pouquinho:

"Ajeite essas costas, Clara, mocinhas não devem andar curvadas".

De meu pai eu tinha um certo temor. Muito alto, moreno claro, sempre que entrava em casa parecia carregar consigo enorme energia, sentava-se à mesa do almoço muito sério, depois de beijar discretamente o rosto de minha mãe. Transcorria-se então violento silêncio, apenas abafado pelas ordens de minha mãe à copeira e o farfalhar das folhas de jornais. Eu, por mim, ficava muito quieta, tentando fazer o menor barulho possível, pois sabia que haveria reprimendas. E, no final das refeições, escapulia o mais cedo possível para a cozinha, onde Nana já me esperava com alguns petiscos doces.

Assim transcorreu minha infância, Júlia. Contrariando todas as expectativas, a menina de um dos casais mais abastados da cidade gostava mesmo era da cozinha quente da casa e tinha grande amizade pelos filhos dos empregados, com quem brincava sempre que possível. "Dona Clara", como me chamavam, jamais teve a pretensão de pertencer a uma elite qualquer, feliz que ficava com a simplicidade.

Sempre imaginamos, Júlia, que dispomos na Terra de todo o tempo. Vemo-nos como imortais. Ledo engano. Na Terra eu acreditava que aos poucos te ensinaria as coisas, pequerrucha, contando com a habilidade do amor. É preciso que saibas, Júlia, de onde realmente tu vens, assim te sentirás mais forte e verás como as raízes são importantes.

Não as raízes de cunho social, que em minha época tanto pesavam: essas são pura ilusão. Mas, tenho certeza, verás muitas vezes em determinados gestos e afagos que te lembrarão de mim, assim como a forma de olhar e de rir, ou mesmo o jeito desajeitado de segurar a xícara na mesa. Não tivemos muito tempo aí, Júlia, mas a bondade de Deus, assim que acordei passado o trauma do desencarne, me mostrou a imensa força que a doçura possui.

No sono em que caí senti durante muitas vezes também presenças benéficas, como se fossem amigos de longa data que me retornavam com expressões de: "*Bem-vinda, Clara...*", "*descanse...*", "*Deus não desampara...*". Embora confusa com o ritmo dos acontecimentos, senti-me em paz e bem-vinda como nunca fui na vida. A sensação era de estar, após longo período de ausência, de volta à minha casa.

Existem casas aqui destinadas a restabelecer as forças dos que chegam de longa jornada, como a que fiz. Não me atrevo, Júlia, a chamá-las de hospitais, pois diferentes das casas de saúde daí, que cheiram a éter e a álcool, cheias de um branco pragmático e obtuso, aqui o ambiente cheira levemente a jasmim. As paredes possuem alegres tons pastel e há pequenos jardins intercalados com as salas. Música leve e suave embala os doentes que, como quando cheguei, também ficam em pesado sono reparador. Sabendo-me morta, dei um pouco de trabalho a estimados amigos, que me viram murmurar seu nome frequentemente.

Um senhor grisalho, de cabelos à altura dos ombros e barba bem aparada, me tranquilizou, dizendo em voz forte e modulada:

– Acalma-te Clara. Tua Júlia, assim como tu, está assistida. Se fores forte e tiveres fé logo poderás te comunicar com ela.

Soube depois se tratar de Ariel. Sério e compenetrado, o bondoso Ariel nunca mente. Senti em suas palavras a força da verdade, então me acalmei. Sentindo a famosa fé de que tanto me falavam na Terra, e que eu não entendia, obedeci aos bondosos amigos, e minha recuperação fez-se rápida.

Hoje, depois de três meses terrenos do meu desencarne, já me encontro prestando pequenos serviços, angariando assim a amizade de outros. Sei que há muito a aprender, Júlia, ou a relembrar, mas ainda não é chegada essa hora.

Vendo-me muito calada, depois de um trabalho diário numa ala desta casa, o bom Ariel chegou a mim com um sorriso amigo:

– *Que tens, Clara? Saudades?*

Olhando meu amigo no fundo de seus olhos claros, fui obrigada a responder com sinceridade:

– *Júlia me preocupa. É pequena demais para ficar sem o amparo da mãe. Embora aqui me sinta muito mais feliz do que lá, aperta-me o coração imaginá-la só.*

Leve sorriso se desenhou novamente em seu semblante:

– *Acreditas só, querida amiga? Conheces bem pouco a tua Júlia. Júlia nunca esteve só. Não a observaste durante três anos?*

Ao notar então meu semblante interrogativo, ele continuou:

– *Não te lembras quando ela, ainda bebê de colo, te recebeu com preciosas gargalhadas ao ver-te chegar ao quarto?*

Assenti, lembrando-me e sorrindo também. Minha Júlia é realmente uma alma alegre, e de tudo ria, causando nos empregados sempre alguma surpresa...

– *Pois junto com ela há uma proteção imensa, assim como uma imensa responsabilidade. Não a notaste também, já aos dois anos, em demoradas conversas com o "nada"? Seres sempre acompanham Júlia, Clara. Mas existe entre vocês duas uma forte ligação, por isso, atendendo aos nossos dirigentes daqui, vim orientá-la. Tens razão, ela precisará também de ti.*

Fiquei confusa. Como ampará-la daqui? Lendo meus pensamentos, Ariel me explicou demoradamente:

– *Somos, Clara, mais poderosos do que pensamos. Viemos de Deus, lembra-te? Energia vinda de nós circula com espantosa velocidade pelos caminhos da Terra e daqui, assim como em outros mundos também criados por Deus. Lembra-te das pessoas com quem te identificaste imediatamente? E ainda de outras, que por mais que teu íntimo tentasse alcançar, permaneceram distantes? Tudo o que sentimos, Clara, é parte também de Deus, e é mais forte do que podes imaginar. Por isso, Clara, tantos na Terra se perdem quando se colocam nos caminhos da vaidade, da luxúria e do egoísmo. Deus é amor, Clara, não pune. Nós punimos a nós mesmos quando nos afastamos da verdade. Mas, abrindo nosso coração, educando na caridade, retornamos a Ele, o único caminho verdadeiro, mais amplo do que pensas.*

Vendo o meu assombro, Ariel tornou a sorrir pacientemente. Outros mundos? Na minha mente veio o sopro da voz do Mestre que dizia: "A casa de meu pai tem muitas moradas...".

– *Irás te lembrar com o tempo. Não exijas tanto de ti agora. Não gostavas de escrever na Terra?*

Assenti cuidadosamente. Afinal, eu nunca tinha sido nenhum talento reconhecido. Ele tornou a me dizer:

– *Escreve cartas à Júlia. Coloca nelas todo o teu amor. É preciso que ela saiba que não desapareceste da vida dela. Assim, ela se sentirá contigo.*

– *Mas Júlia tem apenas três anos...*

Desta vez ele riu amorosamente:

– *Júlia é uma alma tão ou mais antiga do que tu és. Podes escrever, teus sentimentos chegarão a ela.*

– *Mas não posso ainda ir vê-la?*

– *Segura teu coração de mãe, Clara. Pensa nela como uma amiga valiosa. Assim que estiveres mais forte e esclarecida, nós a deixaremos vê-la. Mas, por enquanto, há muito o que fazer por ti aqui.*

Dito isso, ele levantou-se, sorriu para mim e acenou em despedida. Assim sendo, Júlia, comecei a te escrever e aguardar estas cartas, que um dia tu lerás.

Segunda mensagem

Clara lembra de sua infância

Quem somos, Júlia? De onde viemos? Perguntas como essas nos assombram por vezes durante a nossa existência. Verdade seja dita, a resposta é por vezes tão extensa que não a acompanhamos, pois somos pequenos, Júlia, diante da magnificência do Senhor.

Nasci na Terra no ano de 1910. Era um inverno rigoroso, com o vento batendo de encontro às janelas. Durante a minha infância lembro-me claramente do sussurro dos ventos. Nunca tive medo, eles antes me embalavam a dormir. Meus pais possuíam boa situação financeira. Era o senhor meu pai um comerciante abastado, dono de grande tropa de burros que carregavam pelo interior do estado diversas mercadorias desembarcadas no porto. Tinha também na cidade, além de uma loja de secos e molhados, outras ainda, que vendiam de miudezas a peças de tecido. Trabalhava muito o senhor meu pai, neto de lusitanos, desde cedo acostumado ao comércio. Possuía grande bigode, negro e sobrancelhas cerradas, causando assim boa figura, e era gentil com os clientes.

De minha mãe lembro sempre da postura muito reta, devido talvez um pouco ao espartilho que sempre usava. Tinha orgulho de sua cintura muito fina e possuía traços delicados. Os cabelos castanho-claros viviam em permanente coque no alto da cabeça, de onde escapavam apenas alguns cachos largos. As mãos eram pequenas e, ao contrário das minhas, pareciam estar sempre pousadas no lugar certo, ou seja, sobre o colo. Ao contrário de meu pai, que por vezes gesticulava, minha mãe era contida, séria, e não me lembro de ter escutado dela nenhuma gargalhada, mas visto apenas suaves sorrisos.

Passava ela seus dias entre ordens aos empregados, compras pequenas para ela e para mim, costureiras e amigas, as quais recebia para uma mesa então repleta de guloseimas e chá. O farfalhar das saias dessas senhoras sempre me fascinava, mas não me era permitido participar das reuniões de então. O cheiro de rosas de minha mãe vinha pelo corredor, ela me pegava em seus braços, dava-me um rápido beijo enquanto arrumava os meus laços, sempre caindo de meus cabelos muito lisos, e colocava-me de volta nos braços da babá, para depois eu finalmente escapulir para a Nana.

Nana era uma negra enorme. Se existissem na vida dois contrários, esses seriam Nana e minha mãe. Em nossa casa ela era uma mistura de cozinheira, enfermeira, faxineira, enfim, a incansável Nana, de tudo um pouco fazia, e parecia milagrosamente estar em todos os lugares ao mesmo tempo. Ao contrário dos elegantes vestidos de mamãe, Nana sempre usava saias vastas, com blusas que tentavam ficar abotoadas em cima de enorme busto. Corpete em Nana? Jamais, que aquilo era coisa de "sinhá". Era alegre e a comida que preparava fazia a casa toda recender

a seus temperos e magias. Sim, porque para mim, pelo menos, Nana era mágica. Jogava, sem medida nenhuma, açúcar e alguns ingredientes num tacho enorme de cobre, e horas depois uma deliciosa cocada, ou doce de leite ou de mamão. Cheiros de especiarias que meu pai tanto apreciava... Fazia também pastéis doces de gema, cujo recheio, quando mordíamos, derretia-se na boca. Tinha provavelmente cerca de quarenta anos quando nasci. Digo provavelmente porque mesmo Nana não tinha a menor ideia de sua idade e fugia dessas perguntas, pois realmente não tinha como responder a elas. Documentos eram coisas extremamente desnecessárias para a Nana.

Tinha vindo com minha mãe da fazenda de meus avós. Nascida livre, dias depois de promulgada a Lei do Ventre Livre, ela não se sentia escrava, mas "cria da casa". Também nunca recebeu salário. Lembro-me de que, nos Natais, Nana sempre ganhava quatro ou cinco cortes de tecido, com os quais fazia as suas roupas para passar o ano. Ostentava também no peito enorme cruz de ouro, herança deixada a ela por minha avó, que tinha por ela grande carinho. Esse era o seu único enfeite, que ela mostrava com zelo e orgulho. Ninguém podia examinar a cruz de mais de perto, só Nana a tocava. "Herança de Dona Brígida!", ela dizia. E Brígida, minha avó, para Nana era uma santa.

Tomou-se de amores por mim e me fazia todas as vontades. Chamava-me de Dona Clara, e como tinha permanecido solteira e sem filhos, adotou-me de pronto, e dava comigo grandes passeios à tardinha, pela praia, em meio aos pássaros marinhos. Da babá que devia me vestir e pentear lembro muito pouco. Estava sempre mal-humorada e ralhando o tempo inteiro, embora na frente de minha mãe se mostrasse a mais paciente das criaturas.

Não ficou muito tempo conosco, casou-se com um vendedor ambulante que fazia a praça e desapareceu.

Ganhava então muitas bonecas, e uma certamente me encheu de alegria: era muito loura, rostinho de louça com lábios de carmim. Possuía grande vestido rodado, chapéu e lindas botinhas de couro calçadas nos pequenos pés. Como era muito linda a chamei de Lúcia, como minha mãe, e era a minha preferida. Carregava-a pela casa inteira com imenso cuidado e, quando ficava perto de Nana, na cozinha, colocava-a sentada ao meu lado.

Aconteceu então de a filha da arrumadeira, menina pequena e magra, vir com a mãe ao serviço. Era tímida, a pobrezinha, e tentava ficar sempre quieta nos cantos da cozinha, pois minha mãe nunca permitiria filhos de empregados circulando pela casa. Era caridosa, minha mãe, mas acreditava firmemente em separação de classes sociais; logo, a pequena tentava se esconder o mais que podia.

O bom coração de Nana fazia-a dar doces a ela também, que aceitava, pegando rápido e encolhendo-se no seu canto. Quando entrei na cozinha com a minha boneca tão querida, seus olhinhos a encararam encantados. Apertei a boneca de encontro ao peito, pois no momento acreditei que ela quisesse pegá-la. Tinha eu então os meus sete anos e, um pouco enciumada, sentei-me distante.

Bem que a pobre menina queria não olhar, pois acredito que nunca tivesse visto algo como aquela boneca. Nana, do fogão, observava a cena, calada. Observei então os trajes da menina: vestidinho roto de chita barata, pernas nuas aparecendo sob a barra do vestido e as mãos colocadas para trás. Imensa pena doeu-me no coração. Os cabelos dela eram claros, um tanto ondulados, mas pareciam sujos e opacos, ao contrário dos meus, brilhantes e bem escovados. Era magrinha e possuía imensos olhos castanhos.

Voz carinhosa então me sussurrou aos ouvidos:

– *Dê a boneca a ela, Clara, ela nada tem, e tu tens tantas bonecas!*

Olhei em volta, assustada, e vi que ninguém estava comigo, além de Nana e da menina. Por um mágico instante entendi que devia ser coisas dos anjos que Nana me contava, e, sem pensar duas vezes, levantei-me com a minha adorada Lúcia e fui ao encontro da menina que, ao me ver perto, encolheu-se.

Colocando então a boneca em seu colo, aconteceu singular cena: ela me sorriu. Eu disse:

– Cuida bem dela. Chama-se Lúcia, e deve ir contigo para tua casa.

Nana, que mexia o tacho com sua colher de pau, assustou-se, mas ante o meu olhar decidido, sorriu com aprovação. A menina pegou a boneca com as mãozinhas lívidas e a apertou contra o coração. Nesse momento aprendi o grande prazer de doar algo de que se realmente gosta, e nunca mais esqueci.

Terceira mensagem

A vida no internato

O ano de 1918 foi para mim, Júlia, de imensa transformação. Acostumada que estava a ficar sempre agarrada às saias de Nana, foi com apreensão que vi a decisão de meus pais de me mandar ao internato de freiras para estudar. Na época, Júlia, filhas de famílias abastadas como a minha tinham quase sempre esse destino.

Foi com imensa tristeza que vi os preparativos de minha mãe com o meu enxoval para a escola. Doía-me a estranha novidade de ficar longe dos meus. Minha mãe, a notar minha tristeza, colocou-me sentada em frente a ela e muito séria me disse:

– Não podes querer, Clara, ficar sempre só brincando. Logo serás uma moça, e é necessário que aprendas o que uma moça de boa família necessariamente tem de saber.

– Mas o que aprenderei lá, mamãe, que não posso aprender aqui?

Ela sorriu um tanto contrafeita. Mas, sem se dar por vencida, disse-me:

– Lá verás... - sem ter uma resposta pronta, mamãe tomou outro caminho: - confia em teus pais, querida, que eles só querem o que é melhor para ti. Eu mesma frequentei o internato e posso dizer-te que foi muito bom para mim. Terás lá muitas amiguinhas do mesmo nível que o teu. Nada temas, nas férias tu virás sempre para casa.

Fui, então, no mês de fevereiro, para o temido internato. Meu pai colocou dois baús contendo meu enxoval no trem, e fomos os dois sentados frente a frente, calados como sempre. Do trem, Júlia, onde nunca tinha estado antes, gostei bastante. Foi divertido olhar a janela e ver tudo passando tão rapidamente, até que me dei conta de que estava indo para longe de casa. Rápida e inevitavelmente, lágrimas correram de meus olhos, que sequei rapidamente para não aborrecer papai.

O prédio do internato era imenso e ficava numa colina donde bela vista se descortinava. O chão brilhava de tão limpo. Era de madeira maciça, e as portas em arco. Impossível dizer, Júlia, de meu acanhamento. Uma freira de longo hábito negro e óculos apresentou-se a nós e sorriu-me, dizendo:

– Então é esta a nossa nova menina?

Meu pai me colocou à frente, já que eu tentava me esconder atrás dele.

– Cumprimenta a irmã, Clara. Não sejas bicho do mato!

Sem opção possível, estendi minha mão e apresentei-me:

– Sou Clara, irmã. Prazer em conhecê-la.

A freira sorriu, segurou em meus dedos e apresentou-se:

– Sou a irmã Anunciada. Vem, Clara, conhecer o teu quarto.

De irmã Anunciada gostei logo. Tinha quadris largos, andar decidido e sobrancelhas muito louras. Depois soube ser ela descendente de alemães, contava ela então com seus trinta e cinco anos, e era forte e alta. Meu pai, ao me ver assim bem escoltada, beijou-me a testa, despedindo-se, e disse:

– Trata de aprender a ser uma dama, como tua mãe. E não dês aborrecimentos à irmã. Obedece sempre. Nas férias venho te buscar.

Dito isso, deu meia-volta e foi-se. Anunciada, vendo os meus baús, disse-me logo:

– Ali, Clara, está o teu armário. Junto contigo irão dormir mais três meninas. Aqui acordamos cedo, vocês mesmas arrumam a própria cama, fazem sua higiene e em seguida devem descer para a oração da manhã. Só depois vamos ao refeitório para o café. As aulas começam às oito e meia, vão até o meio-dia, quando paramos para a oração e o almoço. Das duas às cinco deves voltar novamente para a classe, depois oramos a Ave-Maria e vamos ao jantar. Qualquer dúvida que tiveres me avise. Logo tuas companheiras de quarto chegarão.

Ao ouvir falar de tanta reza, confesso não ter ficado muito animada, Júlia. Em minha casa, quando Nana me colocava para dormir, fazíamos rápida oração, e mais nada. Pensar em Nana me fez doer o coração, ela tinha sido a única a partilhar comigo o meu medo do internato, mas, para não contrariar mamãe, calou-se. Sentei-me resignada no colchão de palha dura e tentei fazer algo que nunca tinha feito antes: arrumar minha própria cama.

As coleguinhas de quarto não tardaram a aparecer. Acostumada que estava a brincar com as filhas dos empregados, fui tratando logo de me tornar sociável. Mas, ao contrário das minhas amiguinhas de casa, que eram muito simples e cordiais, essas logo me olharam de alto a baixo, analisando minhas vestimentas e os meus modos. Não eram más meninas, minha Júlia, apenas eram

diferentes de mim. E, minha aparência, falando francamente, nunca foi um ponto forte.

Aos oito anos eu era, apesar da fome por doces, bem magrinha. Os cabelos eram lisos e quase negros, como os de meu pai. Duas sobrancelhas negras quase unidas (para meu desespero) emolduravam olhos grandes, uma boca pequenina e um nariz, que se não era grande, pequeno também não era. Uma das minhas colegas de quarto, de nome Aurélia, ao contrário de mim parecia um anjo. Longos cabelos dourados presos em suave laço pelas costas. Olhos de um azul profundo, tez rosada e fresca. Era muito linda a Aurélia, embora não fosse muito gentil. Peguei-me muitas vezes olhando para ela com um misto de inveja e admiração. Mas, sabe Júlia, que apesar de tudo minha aparência não me preocupava. Sentia-me feliz como era e, apesar de um começo não muito auspicioso, acabamos por nos tornar quase amigas.

Lembro-me agora de ti, nos teus três anos. As perninhas grossas, o cabelo em lindos cachos, olhos castanhos vibrantes. E a famosa inteligência que te faz tão brilhante. Que saudades tuas, Júlia! Que bom que nasceste com o dom da beleza. Porque, sim, muito linda é a minha Júlia.

Não me lembro de ter gostado do meu primeiro ano de internato. De algumas aulas gostava, de outras, nem tanto. Aprendíamos lá o francês, o latim (desse eu não gostava), literatura (só a aprovada pelas freiras, e a famosa "coleção para moças"), trabalhos manuais (na parte da tarde), piano e fundamentos de matemática. Levantávamos às seis horas, com uma sineta, arrumávamos nossa cama, lavávamos o rosto, penteávamos os cabelos e eis-nos às seis e trinta prontas para a primeira reza, que durava uns quarenta minutos. Mortas de fome, descíamos para o café, que era frugal comparado ao da minha casa, com os

famosos doces de Nana; então, lá íamos todas em fila indiana para as salas de aula. Até hoje não entendo como podem achar que crianças famintas pela manhã querem rezar!

Antes do almoço, lá íamos para mais uma reza. Dessa vez com um padre, que nos pintava com cores aterradoras o destino dos pecadores no inferno. Tive muitos pesadelos por causa desse padre pequenino, porém gordo e colérico, que ralhava conosco sempre que possível, isso quando não iniciava larga cantilena em latim, que não entendíamos. Passei alguns apuros com ele, mas a vez em que ele me condenou ao fogo do inferno foi quando me pegou cochilando, no meio das suas pregações em latim. Foi um susto só, Júlia, nem imaginas...

A vida no internato de fato não era ruim. O único problema grande foi conseguir sobreviver sem os mimos de Nana, mas as aulas (algumas) me interessavam muito. Aprendi com facilidade o francês, nos anos em que estive lá, e o piano tornou-se de pronto a minha grande paixão. Mandava sempre cartas à minha mãe, que as lia para todos de casa. E papai, quando soube de meus "dotes musicais", comprou logo grande piano a enfeitar a sala que, embora grande, ficou um pouquinho apertada. Esperavam por mim ansiosos nas férias, e fui descobrindo, nas cartas de minha mãe, uma certa doçura disfarçada de preocupação.

Lá existia, como em todo o resto do mundo, forte distinção social entre nós (alunas pagantes) e as crianças que eles acolhiam. De início não consegui entender muito bem isso, Júlia, afinal, tinha sido criada por Nana, que era negra e não fazia distinção com ninguém. Notei logo no primeiro ano que, enquanto nós tínhamos bonitos uniformes de linho azul, as meninas pobres se vestiam muito mal e no frio sofriam um pouco. Se em minha casa eu não conhecia remendos em roupas, lá eles eram comuns.

Tonta que sou, de início (criança é tola) pensei que fossem feios enfeites, para só depois entender a verdade.

As freiras caridosamente acolhiam órfãos e filhos de mães sem pai. As crianças chegavam em curioso número, mas, depois de entregues, não era permitido que as mães as fossem visitar. E elas de fato não iam. Contava então o internato com duas alas, a nossa, muito bonita e até decorada, e a ala de caridade, em que as irmãs tentavam viver com os donativos para os pobres.

Afligia-me o coração ver essas crianças, e irmã Anunciada me levava nos sábados a visitar esses pequenos órfãos. Nos anos que fiquei lá muitas vezes pensei seriamente na situação deles. Estavam sempre limpos, mas as crianças, tão logo aprendiam a andar e a falar, já trabalhavam bem, ou na horta, ou na cozinha, ou em bordados (lindos, por sinal), vendidos para conseguir custear a própria sobrevivência.

Da primeira vez que voltei de férias para casa minha mãe se assustou quando pedi outro baú para levar ao internato. Dentro dele coloquei vidros com os doces de Nana, vestidos meus que já não me serviam, mas estavam em ótimo estado, alguns sapatos, enfim, tudo o que eu achava que não faria falta a minha mãe e a meu pai. Mamãe, ao me ver carregando todas aquelas coisas, franziu o cenho, até que expliquei que eram donativos para as freiras. Logo então ela sorriu e colocou algumas coisas dela mesma e até de papai.

Isso acabou quase virando uma espécie de tradição. Todas as vezes que eu voltava de casa, irmã Anunciada já me esperava com o que ela chamava de "os presentes de Clara". E muito embora as coleguinhas de quarto não participassem dessa alegria (tive fama de perdulária um bom tempo), respeitavam, porque a irmã também sabia ser bem nervosa às vezes.

Júlia, tudo o que tiveres na vida de que não precises, dá. Tantos são os necessitados, filha, e nós nascemos afortunadas no meio do luxo. Quando descobrires a alegria de doar, descobrirás também a alegria de Deus. Nada há, filha, algo que agrade mais ao Senhor do que a caridade. Lembra que Deus está também em cada um dos seus seres, e agrada, Júlia, sempre ao Senhor. Não pode haver fé verdadeira onde a caridade estiver excluída.

Caminhei, Júlia, por longo tempo pelos corredores do internato. De lá, a única lembrança má que possuo era dos ensinamentos que me deram a respeito de certas coisas. O Senhor tem mesmo caminhos misteriosos, Júlia. Muitas vezes aqueles que deveriam ser donos de grande bondade se perdem pelo caminho da vaidade extrema. Mas, o bom Deus não abandona, e embora busquem por caminhos distantes, Ele os levará de volta a seu reino.

Acreditava-se na época em coisas duras, que ainda perduram até os dias de hoje. Com que facilidade, Júlia, os "religiosos" julgam, principalmente os menos favorecidos; apenas aqui tenho tido ensinamentos que me parecem fazer sentido. Os pesadelos do padre baixinho, de quem não pretendo pronunciar o nome por educação, me perseguiram por um bom tempo na vida terrena. Nunca consegui acreditar de coração num Deus que punisse os pecados dos pais nos filhos, até a terceira geração. Nunca entendi o porquê do fogo do inferno para as prostitutas, que me pareciam carentes de tanto na Terra. Minha passagem para o lado de cá ficou um tanto obscurecida pelo medo que eu tinha. Afinal, nunca fui de ir à missa sempre (pecado sério, na minha época) e também nunca contei a nenhum padre os meus segredos em confissão.

Não é de estranhar que eu me achasse profundamente pecadora quando desencarnei. E, no entanto, aqui fui acolhida com carinho e afeto. Não era preciso tanto medo, Júlia, acredita. E aqui, ao contrário daí, classes sociais não importam.

Bem... voltando ao internato, fiquei lá entre férias e estudos até os meus quinze anos, quando meus pais decidiram que minha educação estava concluída. Deveriam então me preparar para o casamento, pois na época as moças se casavam cedo. Lembro-me de terem dito que aos dezessete já se devia estar casada. Minhas ideias a respeito disso eram bem confusas. Lia no internato os livros da "coleção para moças", que falavam de troca de olhares entre moças e rapazes. Criada no meio de freiras, padres e crianças, nenhuma experiência tinha com os rapazes, e sabendo-me longe dos padrões de beleza das moças do livro, que pareciam lindas como Aurélia, não tinha muita fé nesse assunto.

Aos meus quinze anos ainda não possuía o famoso busto que minhas coleguinhas exibiam, a pele passava por transformações estranhas e pelos apareciam, para meu grande transtorno. Voltar para casa foi bom, porque, como morávamos numa cidade grande, pude ter contato com coisas que então não conhecia, como a última novidade: o cinematógrafo[1], que exibia imagens de filmes para nossa grande alegria. Mas, não penses que as salas de cinema eram desprovidas de música. Havia sempre aos pés da tela uma pianista, que tocava músicas de acordo com a cena. Eu e Nana nos deliciávamos nas matinês de domingo, assim conhecemos os artistas, e as moças de boquinha pequena e muito pintada. Nana não gostava dos dramas de amor, achava tudo uma "sem-vergonhice" sem tamanho. Mas amava as comédias e ria-se muito com os inúmeros tombos de Harold Loyd, Carlitos e outros.

1 - O cinematógrafo é considerado geralmente um aperfeiçoamento feito pelos irmãos Lumière do cinetoscópio de Thomas Edison. Teria, no entanto, sido inventado pelo francês Léon Bouly, em 1892. Bouly teria perdido a patente, que foi então registada pelos irmãos Lumière, em 13 de fevereiro de 1895.

Saíamos as duas depois do almoço de domingo e da cozinha limpa, em que até eu ajudava, para irmos mais rápido, de braços dados e apressadas para não perder o início. O único problema é que para ir ao cinematógrafo tínhamos de, de manhã, ir à missa. Nana não se importava, mas eu tinha de lutar para ficar acordada.

Quarta mensagem

Clara se apaixona

Deram-me notícias tuas, Júlia, contaram-me que estás bem e já dormes melhor. Contaram também que meu enterro para ti não foi fácil, pois tentavas me acordar e choravas muito. Fizeram mal em te levar. Teu respeito e amor por mim nunca precisaram ser provados.

Nana, apesar dos seus quase setenta anos, cuida de ti e te vela como a um anjo, o que me tranquiliza. Ela te adotou como me adotou antes. Querida Nana – dedicada sempre ao amor, e como pareces me sentir, mesmo aqui deste lado –, continuarei com as nossas cartas.

O ano de 1925 encontrou o mundo em muitas e grandes mudanças, em boa parte causadas pelo impacto da guerra na Europa. Os vestidos, que antes não mostravam os tornozelos, agora estavam mais curtos e nos davam mais liberdade de movimentos. Os cabelos das senhoras, antes sempre presos no alto da cabeça ou na nuca, viram-se cortados à altura do queixo, mas, a melhor de todas as coisas foi deixar de usar o espartilho, coisa que antes nos sufocava. Vestidos de cintura baixa imperavam então.

Minha mãe, que era uma senhora bonita, logo se atualizou e cortou os sedosos cabelos já grisalhos. Devo dizer que nela ficou bonito, mas por nenhuma coisa eu cortaria os meus. Vendo-me uma moça, tratou de me embelezar, e passei por algum suplício depilando as sobrancelhas, mas devo dizer que se antes o meu rosto parecia o de um menino zangado, com isso suavizou-se, e pude me sentir quase bonita. As atrizes de então ditavam a moda, e o carmim, usado antes apenas pelas "moças de má vida", coloriu os salões.

Eu continuava tímida, é certo, mas, como toda moça, gostava de ver as revistas, o cinematógrafo que virou cinema e tudo mais. Gostava principalmente quando voltava das matinês com Nana e passávamos pelas praças vendo moças e rapazes a conversar. Existia na época um costume, que era "circular" pelas praças e calçadas, desfilando assim a mocidade local. Às cinco em ponto, a banda ia para o coreto central e tocava de marchinhas alegres a coisas mais sérias – devo dizer que nem sempre com sucesso, mas era bom.

Já minha mãe amava me levar às confeitarias depois das compras no centro, sentando-se com amigas e senhoras da sociedade local. Os bolos de então... com minha fraqueza por doces eram uma perdição a que eu tinha de me entregar com certa precaução. A vontade era de pedir tudo, mas mamãe advertia – "Um só!" –, e lá ia eu na desesperada tentativa de eleger apenas uma dentre aquelas delícias.

Estava eu a apenas algumas semanas de completar os meus dezesseis anos quando uma das senhoras, amiga de mamãe, perguntou quando ela me apresentaria à "sociedade local". Mamãe

franziu a testa e me olhou de lado, parecendo então notar que eu de fato tinha crescido. Foi o que bastou, logo fui envolvida numa conversa animada de discussão de festa de aniversário.

Não devo dizer que tal ideia me animou muito, mesmo porque não conhecia quase ninguém na cidade e não tinha quem convidar. Mas isso para mamãe não apresentava o menor problema: chamariam os conhecidos dela e de papai e seus filhos e filhas. A timidez me apavorou um pouco. A ideia de receber em minha casa gente que eu nem conhecia também não foi agradável. Mas, vendo minha mãe tão feliz, não pude deixar de concordar.

Minha casa foi arrumada para o dia, e as duas salas foram despidas dos pesados móveis. No jardim, pequena orquestra se instalou. Achei meu vestido um pouco enfeitado demais e os cachos que fizeram em meus cabelos, por meio de tiras de papelão, pareciam que iam desmoronar a qualquer minuto. Sapatos novos apertavam um pouco, mas, ao olhar o resultado final no espelho, tive de dar a mão à palmatória e concordar que estava apresentável.

Mal sabia eu o significado que aquela noite teria em minha vida. Em nossa cidade, a festa foi comentada e, com isso, mesmo alguns não convidados apareceram, e foi justamente por um deles que me interessei.

Coração é coisa estranha, Júlia, por mais obedientes que sejamos aos nossos pais, não há muito como contrariá-lo. Depois de receber os convidados, e ouvir as mesmas frases de sempre – "como está bonita, sua filha" ou ainda "como eles crescem rápido" –, dei um jeito de escapulir e fui parar perto da orquestra. Como na festa, tirando os mais velhos, pouca gente me conhecia, fiquei por lá muito tranquila ouvindo as valsas, enquanto meus pais conversavam animadamente com seus amigos. Como os sapatos

me incomodavam, sentei-me um pouco afastada, e assim pude me enlevar com a música.

Logo notei um rapaz me observando. Vestia-se adequadamente, mas os punhos de sua camisa estavam um pouco puídos, e ele tinha nas mãos uma taça. Tentei não olhar para ele, mas tão insistente era o seu olhar que não resisti e acabei espiando um pouco. Ao me ver sozinha, veio ao meu encontro, pegando do garçom outra taça e trazendo-a para mim.

– Meu nome é Álvaro. Posso sentar-me aqui?

Educadamente, como tinha sido ensinada, mostrei a cadeira com as mãos. Aconteceu então coisa estranha: eu, que era tímida por natureza, com ele me senti imediatamente à vontade. Nana, que me observava de longe, ao me ver sorrir e acenar para ela, sorriu também e continuou a servir os convidados.

Devemos ter ficado assim não mais que quarenta minutos, Júlia, e tudo o que espero é que um dia tu tenhas uma oportunidade assim. Meu querido Álvaro tinha chegado à cidade havia apenas alguns meses e era um pobre estudante de Direito. Vindo de família humilde, contava ele com um padrinho bem situado na vida, que o apoiava nos estudos, e, quando soube da festa, não perdeu a oportunidade de se divertir sem gastar. Logo, lá estava ele sentado com a "aniversariante" a segredar-me que não tinha sido convidado e que por isso não conhecia ninguém.

Quase caiu da cadeira quando lhe "segredei" também:

– Não fica preocupado, que sou eu que faço anos e também não conheço quase ninguém.

Depois do susto veio a risada, alta e alegre. Chamou-me então para uma valsa, ao que expliquei que nunca tinha dançado antes. Ele sorriu, mas não desistindo, me segurou até a pista dizendo:

– Pois meu presente de aniversário para ti é te ensinar a dançar.

Tirando alguns tropeços iniciais, logo segui seu ritmo e chamamos um pouco de atenção, visto que eu era a aniversariante, e ele era bastante alto. Foi o que bastou: logo, meu pai, muito educadamente, mas com firmeza, tomou-me dos braços dele a pretexto de dançar comigo. Foi quando ouvi uma das mais duras reprimendas a respeito de dançar com desconhecidos. Depois disso, só pude olhar Álvaro de longe, já que minha mãe não se afastou mais de mim a festa inteira, como boa leoa guardando a cria.

Um dia verás, pequena, a força que possuem determinadas coisas e determinados sentimentos. Depois daquele dia, vi Álvaro em frente à minha casa algumas vezes. Tentou me passar bilhetes, dizia querer conversar comigo. Acontecia algo então incomum, Júlia: eu, que era tímida, com ele me sentia em paz. Abordou-me quando saí para a matinê de domingo junto com Nana.

Minha boa Nana não achou nada educado um rapaz abordar uma moça na rua, mas depois, vendo o meu encantamento, deixou-me passear com ele enquanto ela ia à sessão de cinema, porém não sem antes me fazer prometer que teria muito juízo e muito cuidado.

Passeando pela praça principal da cidade, me senti confortável com Álvaro, que era educado, simples e com um leve senso de humor. Fez-me perguntas às quais respondi. De onde era, do que gostava, enfim, coisas assim pequenas. Era bonito o rapaz, e como não tentava tomar liberdades comigo, logo sosseguei.

Contou-me de sua vida no interior do estado, do sítio onde morava com os pais e mais seis irmãos. Achei que devia ser muito divertido ter assim família tão grande, justo eu tão acostumada a ser só. Falou-me então do padrinho, que o acolhia em sua casa

na cidade e lhe custeava os estudos. Dizia ser um bom homem, embora também não se achasse em situação folgada, solteiro, com seus cinquenta anos, e tudo fazia por ele. Álvaro deixou-me claro sua situação, pois achava que eu era rica, e não quis saber de mal-entendidos.

Perguntou-me se poderia frequentar minha casa, ao que respondi que não, que deveria falar com meus pais primeiro. Ele assentiu e marcamos para o domingo seguinte, quando eu deveria lhe trazer uma resposta. Imensa confusão se apossou de mim, Júlia, pois não possuía a menor ideia de conversar semelhante tema com meus pais, porém, não fazia nenhuma ideia do que estaria por vir.

Levando-me de volta à frente do cinema, encontramos Nana, que vinha afogueada, olhando-me um pouco brava:

– Esqueceste do tempo, dona Clara? Teus pais...

Dito isso segurou-me e fomos nos afastando, dando-me apenas um momento para um leve adeus. Mas Nana tinha o cenho franzido, e tão logo viramos a esquina começou:

– Isso num vai dar certo, dona Clara, não devia ter permitido a moça sozinha com ele, teus pais me matam se souberem.

Não conseguia atinar direito com qual seria tal grande problema. Indaguei-a, ao que ela me respondeu:

– Dona Clara, não te faças de tola, o moço é mulato, num percebeu?

Claro, Álvaro tinha a pele um pouco mais escura que a minha, e os cabelos, se não eram crespos, eram cacheados. Não obstante, era um bonito rapaz, e muito educado. Disse a ela das intenções dele comigo, ao que Nana arregalou mais ainda os olhos:

– Pois olha, dona Clara, melhor nem falar nesse assunto com seus pais. Eles num vão "permiti" isso. Pensa direito, menina, moça branca, rica e um mulato? Valha-me Deus!

Sem saber o que dizer, me calei. Criada nas saias de Nana, que é negra, nunca coloquei em meu coração valores como o racismo. Lembrei-me de meus pais e de seus valores sociais, sempre tão lembrados a mim, e calei-me o resto do passeio.

Durante a semana seguinte, acabei perdendo muitas horas de sono. Já tinha me identificado tanto com Álvaro, e ele, ao que parecia, comigo. Tinha gostado de estar em seus braços na valsa, do seu cheiro, do riso solto, tão diferente do ambiente sério de minha casa. Queria falar à mamãe, mas um comentário feito à mesa do almoço sobre a minha desastrosa "dança" de aniversário me fez calar.

Isso não impediu, no entanto, que Álvaro me procurasse no cinema de domingo. Chegou muito alinhado, com cheiro de banho tomado, e deu-me o braço, coisa de que Nana não gostou. Mas tal era o charme do rapaz que ela resmungou, e entrou na sala de cinema enquanto tornamos a ir à praça.

Tristes pensamentos me passavam pela cabeça: como dizer a ele que meus pais não o aprovariam em razão de sua cor? Iria se ofender, por certo. E eu nunca consegui ofender ninguém, imagine a Álvaro, de quem já gostava? Menos ainda!

Assim tratei primeiro de desviar o assunto para outros temas, como os filmes da época, o tempo... o ruim foi que ele me pressionou, ao que eu lhe disse que meus pais me achavam muito nova para namoros. Foi a única saída que me ocorreu, que não o ofendesse muito.

Quando o disse ele suspirou, sentado comigo então no banco da praça, e perguntou-me:

– Então não podemos mais nos ver?

Fiquei um tanto sem ação. Adoraria ter tido a coragem de não vê-lo mais, mas o coração, Júlia, é coisa tão complicada.

– Podemos, sim, mas temos sempre de ter cuidado.

Ele não ficou muito feliz com a situação, mas, como disse que já gostava de mim, aceitou. Sorrindo triste, então, me levou de volta à entrada do cinema, onde novamente Nana me esperava aflita.

Assim ficamos nos encontrando por uns dois meses, Júlia, e impossível é dizer o que esses encontros significavam para mim. Eu, que era pouco vaidosa, logo chamei minha mãe para comprar perfumes e pequenas joias. Ela, achando que finalmente eu estava ficando moça, aquiesceu prontamente, sem sequer atinar os meus motivos.

Não gostava de enganar ninguém, mas sou humana, Júlia, e confesso que pequei mentindo a meus pais. Nos encontros nada fazíamos que merecesse reprovação. Álvaro, sabendo-me moça de família e com o primeiro namorado, nunca tentou tirar vantagem de mim. O máximo que acontecia era andarmos de braços dados e um leve roçar de lábios, coisa que me tirava o sono.

Apaixonei-me então, de forma muito completa. Minha semana girava em torno dos domingos à tarde, quando já o sabia à porta do cinema. É pena, Júlia, que eu não possa estar aí quando seu primeiro amor chegar, tanto que gostaria de sermos cúmplices, mas o Senhor tem seus motivos e não me compete julgá-los.

Já nos encontrávamos havia alguns poucos meses quando tudo aconteceu. Alertado talvez por um de seus amigos, meu pai seguiu-me e, vendo-me de braços dados com Álvaro, disse-lhe que se afastasse de mim e que não tentasse mais me ver. Feito isso, segurou com força o meu braço, e seguimos para casa. Chegando lá, deparei com minha mãe muito pálida, e ele aos gritos:

– De braços dados com um mulato! Minha filha de braços dados com um mulato!

Eu, que só sabia chorar no momento, nada respondi.

– Queres me brindar com netos negros, Clara? Foi para isso que te criamos?

Nunca na vida eu tinha visto meu pai com tamanha fúria. De imediato compreendi as preocupações de Nana, que tanto tinha me alertado desde o início. Ele continuou:

– E não é só um mulato, como também não tem onde cair morto! Anda, leva essa menina para o quarto que não sei como não lhe bato de cinta. Era disso que ela precisava desde criança, uma boa sova de cinta!

Protegi-me atrás de mamãe, que nunca tinha me batido, e fui correndo para meu quarto. Deus, que vergonha! E nunca mais ver Álvaro, que tristeza! Devo dizer que jamais tinha me ocorrido a ideia de filhos negros, mas, se os tivesse, não seriam então belos como a Nana? Que diferença faria? As pessoas, Júlia, em seu plano, morrem de medo das diferenças. Aqui onde estou agora é tudo tão mais simples, o que vale são os valores do coração.

Nana também não ficou muito protegida. Assim que ela chegou a casa, depois de me esperar por horas na saída do cinema, meu pai foi categórico: chamou-a de nomes que eu nem sabia que existiam e quis demiti-la. Minha mãe, com a sua diplomacia habitual, protegeu Nana e fez com que ela fosse para o seu quartinho. Foi bastante custoso para Nana permanecer em nossa casa, mas, para onde ela iria?

Inútil dizer que nunca mais vi Álvaro. Trancada em casa, de castigo dos mais severos, não podia nem pensar eu fugir para vê-lo aos domingos. Se ele tentou se comunicar, não sei. Anos depois soube que ele tinha se casado com uma moça de sua cidade e parecia estar bem e com filhos. Fiquei feliz por ele, mesmo porque não desejaria vê-lo só.

Foram meses de choro contido à mesa do almoço e do jantar. Meu pai não me olhava, minha mãe se mantinha quieta, como a esperar por alguma rusga. Fazia mais ou menos seis meses do acontecido, quando meu pai comunicou-me:

– Veste-te direito esta noite, Clara, que vem um rapaz te conhecer aqui em casa.

Pálida de espanto, atrevi-me a perguntar:

– Quem, senhor meu pai?

Ao que ele me respondeu com rispidez:

– Certamente nenhum mulato!

Sem ter como escapar, submeti-me à ordem dele. Nana tudo fez para me consolar, dizendo que, afinal, eu só iria conhecer um moço, e nada mais. Por dentro, no entanto, sentia-me vazia e sem muita vontade de fazer nada, quanto mais me enfeitar. Vendo, porém, a preocupação de Nana e de mamãe, resolvi fazer-lhes a vontade, sendo assim coloquei belo vestido cor-de-rosa, ajeitei meus cabelos numa longa trança e desci as escadas.

Qual não foi minha surpresa ao encontrar na sala um senhor que era sócio de meu pai, trazendo junto a si rapaz de seus vinte e cinco anos, cabelos castanho-claros e ralo bigode. Notei de pronto certa descendência ariana, pelo tom de pele muito rosado e o nariz adunco. Chamando-me para perto de si, meu pai colocou a mão em meus ombros e abriu largo sorriso:

– Esta é a minha Clara. O senhor Estevão tu já conheces. Este é o filho dele, Carlos.

Estendi minha mão, um tanto quanto desconfiada, e pude sentir o rapaz me avaliando, entre curioso e um tantinho decepcionado. Não me importei, eu também não tinha sentido por ele grande interesse. Se entre os jovens a situação parecia fria, entre os mais velhos a conversa fluía livremente. Senti-me como se estivesse sendo negociada e me entristeci. Minha mãe me disse ao pé do ouvido:

– Calma, Clara, tenta conhecer melhor o moço. Dá-lhe uma chance.

– Não sei, minha mãe, se há da parte deste moço algum interesse por mim. Mas fica tranquila que não te envergonharei.

Quinta mensagem

Um novo pretendente

As mulheres na década de 1920, Júlia, não contavam com nenhum prestígio. Boa parte dos casamentos entre as classes abastadas era de conveniência, e os valores que nos passavam buscavam, sobretudo, consolidar a supremacia masculina. Grande mudança me esperava aqui, onde somos tratadas como irmãs, iguais em força e conhecimento.

Disseram-me aqui, Júlia, que o espírito reencarna diversas vezes, tanto como homem, quanto mulher.

Vendo-me espantada, me explicaram:

– Quando vamos como homens, Clara, aprendemos o que na Terra ainda é negado a muitas mulheres: o estudo dos valores masculinos, como a honra e a responsabilidade de sustentar, acolher nossa família e protegê-la. Quando vamos como mulheres, aprendemos também coisas valiosas, como a ternura, a paciência, a doçura.

Explicaram-me também que a Terra passará cada vez mais por mudanças sociais, e logo mulheres e homens se sentirão com os mesmos direitos e deveres. Cada encarnação traz consigo seu ensinamento. Achei interessante a ideia e, sem dúvida, muito mais justa que as que imperavam então.[2]

A noite daquele jantar foi talvez uma das mais longas de minha vida. Curiosamente, notei que Carlos também não se achava inteiramente feliz com a situação. Isso, no entanto, fez com que eu me sentisse mais próxima a ele, por um pouco de pena, talvez. Entendi de imediato que, se para mim não estava confortável, para ele menos ainda. Curiosa como sou, naturalmente me perguntei o porquê, esperando no futuro descobrir algo.

Sorri levemente, ao que ele arqueou uma das sobrancelhas, e sorriu tristemente também. Nossos pais falavam de negócios durante o jantar, novas aquisições e compras para as lojas, minha mãe se esmerava em servir pratos que me pareciam um tanto complicados, querendo com certeza fazer bonito. De olhos baixos e postos em meu prato, sentei-me quieta e fiz de tudo para perturbar o mínimo possível.

Ao final do jantar, Carlos me olhou e pediu-me permissão para visitar-me novamente. Diante do olhar de meu pai, assenti educadamente, para alívio de todos. Sinceramente, Júlia, eu já não estava me importando muito mesmo. Desde o incidente da praça, tinha ficado magoada e triste, de forma que tanto fazia se aquele moço me visitasse ou não.

Subi para o meu quarto em seguida, buscando assim a paz junto aos meus livros. Eu não gostava mais de romances de amor, buscando enfim histórias que me distraíssem do tema. Nana não tardou a entrar me trazendo uma xícara de leite quente.

---

2 - Nota da médium: Vale a pena lembrar então o ano terrestre desta carta, que é 1942, e que Clara escreve em relação ao ano de 1926, que era a época que ela narra.

– Estás melhor, dona Clara? Viste que não foi tão ruim?

Amuada, não quis responder. Não me importava mais que me casassem, que aquele devia ser o destino de toda moça. Não desejava mais ficar com meus pais. Ela continuou, tentando conversar comigo:

– Não te impacientes, dona Clara, os pais sempre sabem o que é melhor para os filhos. Eles só querem tua felicidade, e, depois, o rapaz não é feio.

Ao notar que eu não respondia, Nana me beijou de leve os cabelos e saiu de meu quarto.

Embora ficasse bastante magoada, naquele dia, meu coração nunca foi campo fértil para tristezas, de forma que dias depois eu já estava melhor. Sentia que forças me renovavam, quando abria a janela de meu quarto e avistava a rua defronte. Tão lindas são as coisas de Deus, a visão de nosso jardim e dos passantes, que já me sentia mais feliz.

Na semana seguinte, voltaram Carlos e o pai. Dessa vez ele já me olhou com mais simpatia e esforçou-se para tentar manter uma conversação. Vendo-me arisca, minha mãe disse-me:

– Clara, leva Carlos ao jardim para ver as rosas que foram plantadas.

Olhei espantada, que ninguém nunca tinha me deixado ficar só com nenhum homem. Mas, vendo sua determinação, entendi que naquele rapaz eles confiavam. Então me levantei e fui, Carlos me seguindo a uma certa distância. Sentei-me então em um banco de madeira do jardim, e ele me seguiu. Só então falou, como quem faz uma piada

– São essas as famosas rosas?

De fato, as rosas ainda mal tinham desabrochado, nos mostrando apenas os duros talos forrados de espinhos e poucas folhas. Respondi:

– Com o tempo elas florescerão e ficarão lindas como aquelas.

Acompanhando meu gesto, ele deparou com lindo roseiral perto da janela da sala, e sorriu. Ao que disse:

– Meu pai tem certa razão. Algumas coisas precisam de tempo.

Assenti timidamente, querendo subir ao meu quarto o mais cedo possível, tendo em vista o rubor que me subiu às faces. Sentia-me estranhamente desajeitada, como se algum defeito sério que eu possuísse me impedisse de continuar a conversação. É triste quando a gente se sente exposta, Júlia, embora eu possa lhe dizer que o rapaz se comportou muito bem. Afinal, ele também parecia sentir a mesma coisa.

Vendo-me tímida, Carlos tentou entabular uma conversa que fosse por determinados temas que ele julgou que me interessassem, como o cinema e as peças de teatro que circulavam então pela cidade. A tudo respondi educadamente, explicando ainda que nunca tinha visto nenhuma peça de teatro.

– Pois então falarei com teus pais, Clara, e vou levar-te assim que surgir uma peça que seja adequada a ti.

Expliquei que meus pais nunca me deixavam sair sozinha, na esperança que ele desistisse da ideia. Mas qual, disse que eu me tranquilizasse, que ele ajeitaria as coisas.

Senti em Carlos então, no mínimo, a esperança de ter um bom amigo, e assim me tranquilizei um pouco. Embora não tivesse por ele a atração que sentia por Álvaro, ele era simpático e muito educado comigo. Em parte, eu sabia que ser filha do sócio majoritário de seu pai contava. Mas não me importei muito, pelo menos faria um novo amigo, e isso nunca era demais.

Passaram-se os meses, e o rapaz vinha toda semana me visitar, já sem a companhia do pai. Sentávamos então na sala, onde conversávamos. Melhor dizendo, ele falava e eu ouvia, me pronunciando o mínimo possível. Tentou segurar minha mão por umas duas vezes, e quando consenti, disse que queria comunicar aos meus pais sua intenção de se casar comigo. O que achei engraçado é que hora nenhuma ele me perguntou se eu queria me casar.

– Não perguntaste de meu desejo de casar contigo.

Ele então fez ar de enorme espanto:

– E não queres?

Calei-me, envergonhada. A verdade é que não possuía a menor ideia do que se passava numa noite de núpcias, e por isso tinha enorme medo.

– Tenho medo, Carlos. Não sei muito sobre "casamentos".

Ele deu larga risada, que me constrangeu um pouco mais. Depois explicou-me:

– Tem calma, Clara, que não acontecerá nada que não queiras. Tudo tem seu tempo, como as tuas roseiras; aliás, eu não poderia esperar outra reação tua, criada em colégio de freiras. Não te preocupes. Torno a dizer-te: saberei esperar.

Diante de tais palavras, consenti com o casamento. O pedido foi feito num sábado à noite, tendo a presença de meus pais e do pai dele, que era viúvo. Fez-se então discreta comemoração e marcamos o casamento para seis meses depois, pois minha mãe enfatizou que precisava tratar do enxoval, e que meu pai nos daria uma casa de presente de núpcias.

Nana, quando soube de meu casamento, caiu em enorme choradeira, nem meus abraços a confortavam. Acostumada a mim, como eu a ela, não queria saber de distâncias novamente. Ao vê-la assim, tranquilizei-a e a chamei para vir comigo, sendo que ela aceitou prontamente a ideia.

O mais difícil foi convencer minha mãe a ficar sem Nana. Cozinheira de muitos e variados pratos, ela faria falta. Sendo bastante convincente, lembrei-a de minha nenhuma experiência na cozinha e na casa, onde o que mais fazia era tocar o piano da sala. Ponderando muito, ela concordou e colocou Nana a ensinar uma outra moça nas artes da cozinha.

Meu pai comprou para nós agradável sobrado de três quartos, com ampla cozinha e sala encantadora. Minha mãe divertiu-se muito decorando a casa, já que eu não possuía os conhecimentos necessários de moda para tanto, e meu enxoval foi crescendo numa velocidade imensa. Sentia por dentro imensa nostalgia de deixar meu quarto de solteira, mas sabia que aquela casa não era mais minha. Assim, conformei-me, e passei a considerar a outra casa como minha agora.

O vestido de noiva foi a única coisa que escolhi. Sabendo-me pequena e magra, declinei da escolha de minha mãe, que queria me colocar com imenso véu e um longo vestido de brocado. Escolhi então modelo simples, mas que a modista francesa aprovou de imediato, vendo meu tipo físico esbelto. Os sapatos, forrados de renda e cetim com saltos altos, foram os meus preferidos. Tão bom, Júlia, foi me ver vestida de noiva! Apesar de tudo, eu me sentia cheia de esperança.

Na noite antes do casamento, Carlos, agora já mais meu amigo, veio conversar comigo. Pareceu-me que queria se certificar do casamento. Entendi sua preocupação, mas fui bastante clara com ele:

– Amanhã me caso contigo, e creio que nos daremos bem, mas é imperioso para mim que saibas que não me sinto preparada para ter ainda um envolvimento mais profundo. Afinal, mal nos conhecemos...

– Isso vem com o tempo, Clara. Nós dois sabemos das intenções de nossos pais. Fica tranquila que eu não te decepcionarei. Também acredito que, graças ao seu temperamento doce, nos daremos bem.

Ouvindo isso, senti-me calma e sorri para ele. É bom que se diga, Júlia, que se não tínhamos paixão um pelo outro, tínhamos já certo respeito e amizade. Resolvi então acreditar em meus pais, que diziam que a base de um bom casamento é justamente essa, e preparei-me para a cerimônia.

O casamento, marcado para as dez horas da manhã, na igreja local da cidade, em muito me lembrou minha festa de aniversário. Muita gente desconhecida, uma ou duas amigas do internato, eu de vestido de noiva, e minha timidez imperando como sempre. Entrei na igreja de olhos baixos, de braços com meu pai, que parecia feliz de me ver encaminhada. Mesmo Nana, de roupa nova (acredito que o primeiro vestido dela feito por modista), parecia brilhar. Minha mãe, como sempre elegantíssima, trajava então costume pérola e delicado chapéu com um véu escondendo parte do rosto. Eu, com meus cabelos longos e lisos, tinha uma tiara natural feita de pequenas margaridas, e um buquê das mesmas flores. Não quis flores de laranjeira, Júlia. Minhas preferidas sempre foram as violetas e as margaridas; minha mãe achou que fosse uma excentricidade minha, mas como eu vinha me comportando muito bem, aceitou.

Carlos me esperava no altar muito sério e muito pálido. Os cabelos castanhos domados à custa de brilhantina e um bigode muito bem aparado. Assim que cheguei ao altar, me sorriu e colocou meu braço no seu. Demorada cerimônia então se seguiu, para meu desconforto, em pé, de saltos altos. O padre, vendo muita gente na igreja, resolveu se esmerar. Não sei por que, Júlia, mas voz de padre me lembrava o internato, e logo um

sono fecundo se instalou. Lutei para me manter em pé. O padre, por fim terminou. Carlos deu-me então delicado beijo na testa, piscou-me um olho e me disse baixinho no ouvido:

– Viste? Já acabou.

Frio no estômago foi o que senti. Deus do céu, então, eu estava casada.

Sexta mensagem

Um casamento diferente

Seguiu-se então ruidosa festa em minha casa. Os jardins ficaram tomados de convidados, e fotógrafos tiravam fotos para o jornal local. Tinha eu então dezessete anos e, para minha surpresa, saí bem nas fotos.

Tudo já tinha sido arranjado de antemão, Carlos trabalharia na firma de nossos pais, teríamos rápida viagem de núpcias e voltaríamos então para a cidade, que os negócios não podiam ficar abandonados. Minha mãe estava emotiva – justo ela que quase nunca dava mostras de muita emoção. Na minha despedida da festa, cercou-me e disse-me ao ouvido, com os olhos um tanto marejados:

– Lembra, Clara, que agora és uma mulher casada. Obedece ao teu marido como obedeceste ao teu pai, e tudo ficará bem.

Não posso dizer que tal conselho me agradou. É verdade, era casada agora, mas em nada gostaria que meu casamento se parecesse com minha vida de solteira, em que eu tinha apenas de obedecer a tudo e a todos. Casei-me com Carlos na certeza de sermos bons companheiros. A ideia de me tornar escrava nunca me passou pela cabeça. Mais tarde, nós dois rimos bastante da situação, e ele me segredou:

– Pois o que eu ouvi foi: "Rédea curta, rapaz!"

Ao ver o tamanho de meus olhos arregalados, ele riu-se um pouco mais. Sempre fomos bons amigos, Júlia, teu pai e eu. E devo dizer que ele respeitou nosso acordo com firmeza invejável, depois de certos contratempos.

Hoje entendo o porquê Carlos, apesar de educado, deve ter passado por maus momentos; afinal, embora o casamento para ele tivesse sido um bom negócio, era óbvio que com o passar dos dias ele quisesse a consumação do casamento. Fomos passar a lua de mel nas montanhas, e grande espanto causei quando fiz questão de quartos separados. Muito embora ele prometesse não me tocar, não cedi, e ele, apesar de bom, ficou bem arredio. No dia seguinte, depois de um café da manhã silencioso, ele finalmente me sorriu, vendo que eu fazia de tudo para que ele se sentisse bem. Disse-me então:

– Está certo, Clara. Promessa é dívida, como se diz, não vou importunar-te mais, sabendo que não te sentes pronta. Mas é preciso que saibas que homens possuem necessidades diferentes, e que não vou abrir mão de minha vida. De acordo?

Embora fizesse apenas uma vaga ideia a que ele se referia, concordei prontamente, tal era o medo que eu tinha. Carlos, depois disso, pareceu não se importar mais, e mesmo no hotel onde estávamos, ele se despedia às oito da noite, indo então se divertir à sua própria maneira. Como eu mesma tinha proposto um casamento "diferente", não pude me queixar, muito embora ficasse um tanto inquieta de ficar num hotel sozinha. Os livros

da biblioteca me distraíram um pouco; logo, depois de apenas alguns dias de viagem, retornamos à casa.

É preciso que se diga que teu pai nunca reclamou muito. E foi para comigo o mais perfeito dos cavalheiros, embora nossa situação fosse realmente singular. Nunca ouvi de Carlos palavras ríspidas, como às vezes acontecem em discussões de apaixonados. Mas, embora isso me fizesse um pouco feliz, outras dúvidas com certeza me invadiam com o passar dos meses, levantadas principalmente por Nana, que, ao me ver fazer do quarto de hóspedes o meu quarto, ficou bastante intrigada. Mais intrigada ainda quando notava meu marido saindo de casa quase todas as noites.

– Isso num pode dar certo, dona Clara. Casal deve dormir junto, e marido que fica à noite fora de casa é coisa que num presta.

Eu ria um bocado dela e dizia que ela não se preocupasse, que estava tudo muito bem. Éramos chamados então para muitos jantares em casas de amigos e clientes, e a todos eu comparecia, bem-vestida e suave, como Carlos gostava de frisar. Aos poucos fui aprendendo o chamado "traquejo social" da época, e como gostava muito de ler, entretinha bem tanto anfitriões como convidados nossos. Passei, para espanto de minha mãe, a ser disputada nas festas pelo meu comportamento alegre, porém sempre atencioso. Carlos, de longe, de vez em quando me piscava um olho em sinal de aprovação.

Nas noites em que ele ficava em casa tínhamos às vezes grandes conversas. Conheci então um pouco mais o meu marido, que tinha passado na capital do país quase toda a sua juventude, em escolas de rapazes. Carlos era bastante culto, seus avós paternos tinham sido fazendeiros, e sua avó o instruíra na leitura de clássicos desde muito cedo. A partir daí, minha Júlia, veio a

minha paixão pelos versos, pelo então movimento modernista que tanto me espantava em quadros e poemas. Passava o mundo por uma revolução cultural, e tive muita sorte de ter um marido que me encorajava a leituras e às artes.

Anos se passaram, minha Júlia, até que um dia Nana me chamou em segredo, com o rosto afogueado, e me disse:

– Num estou dizendo, dona Clara, que essa história não tinha como dar certo? Espia só...

Dito isso, mostrou-me um bilhete que ela tinha encontrado nas roupas de meu marido.

Ao ver Nana assim exasperada, não tive outra escolha que não fosse pegar o bilhete. Embora ela desconfiasse da nossa situação, não tinha certeza, pois eu nunca conversava sobre esse tipo de assunto, nem com ela. De forma que peguei o bilhete em pequeno papel de seda que ela havia encontrado no bolso de Carlos.

Embora notasse que ela queria saber o que estava escrito, já que não sabia ler, retirei-me para o meu quarto. Sentada em minha cama, finalmente abri o pequeno pedaço de papel e vi uma caligrafia pequena, estreita e quase infantil, dirigindo-se a Carlos nestes termos:

"Querido Carlos,

Obrigada pela noite inesquecível,

espero revê-lo logo.

Valerie."

Mistura complicada de sentimentos varreu o meu coração, Júlia. Embora não fosse ingênua e soubesse das noites de Carlos fora de casa, aquilo de alguma forma me incomodou. Deitei-

-me tentando analisar meus sentimentos, enquanto apertava o bilhete entre os dedos. Seria coisa séria? De quanto tempo? Tentei colocar ordem em meus pensamentos, afinal, Carlos em nenhum momento tinha sido infiel ao nosso acordo. É preciso que se diga que, embora nossa situação já durasse três anos, no início foi meio complicado mantê-la. Mas, com o passar dos meses, ele notou que eu jamais interferia em sua vida noturna, e ficamos confortáveis e amigos. Não tinha do que reclamar dele.

Tentei imaginar meu marido como homem e fiquei um tanto confusa. Talvez estivesse apaixonado, e eu atrapalhasse de alguma forma. Isso seria triste, pois lembrei-me de minhas saudades de Álvaro anos antes. Não queria de forma alguma prejudicar Carlos, que era sempre atencioso e nunca negava-me nada.

Contava eu então com a idade de vinte anos, quase vinte e um. Era hora de aprender a ser adulta. Nana bateu na porta do quarto, querendo uma resposta minha. Como não respondi, ela disse em alto e bom som que iria me trazer um chá de erva-cidreira. Pobrezinha, imaginava-me triste em vez de confusa. Arrumando o vestido, levantei-me da cama e pensei numa desculpa para dar a ela, que, sendo analfabeta, não podia ter lido o bilhete. Chegando ela no meu quarto, desta vez com a porta já aberta, tentei fingir a ela uma situação que a deixasse tranquila, e disse com voz quase alegre:

– Tu tens cada uma, Nana, era só uma encomenda de tecidos. Fez-me ficar preocupada à toa!

Nana podia ser analfabeta, mas estava longe de ser tola:

– Encomenda de tecidos em papel perfumado?

– Ora, Nana, esses papéis são comuns hoje em dia. Toda casa de gente abastada os usa.

Ela resmungou ainda um tanto zangada:

– Sei... sei... senta aqui, dona Clara, que vou te explicar coisas que tua mãe nunca explicou.

Vendo-me encurralada, dei um suspiro de impaciência, mas sentei-me para ver o que ela tinha a me dizer. Respirando fundo, Nana começou:

– Este mundo, dona Clara, é diferente "pros" moço e "pras" moça. Moço pode tudo, faz de tudo, ninguém se mete e o danado ainda fica bem falado. Moça não pode nada. Mas os moço têm um jeito muito fácil de ver as coisa: eles coloca as mulher direita dentro de casa, e as de se divertir na rua. É assim desde que o mundo é mundo. Tem medo não, que seja o que for, isso passa. Homem como seu Carlos num ia de jeito nenhum largar moça como a senhora, que anda bonita, perfumada e de boa família. Deve ser só coisa de passar o tempo.

Ao olhar meu espanto, com tamanha sabedoria popular, ela ainda terminou:

– Mas já está passando da hora de ter menino nesta casa. O povo comenta, tua mãe quer saber, mesmo teu pai já anda comentando. Era bom ter uma criança aqui, dona Clara, assim a senhora ficava menos sozinha.

Dessa vez enrubesci. Parecia-me que Nana sabia mais do que deixava transparecer. O engraçado é que ela parecia mais zangada comigo do que com Carlos. Coloquei-a porta afora, amigavelmente, e voltei para os meus pensamentos.

Não era de estranhar que eu e Carlos vivêssemos amigavelmente. Tínhamos sido sinceros desde o início e não éramos apaixonados um pelo outro. Para Carlos, o casamento tinha trazido vantagens profissionais, e ter uma mulher que nunca fiscalizasse suas idas e vindas noturnas era sem dúvida uma vantagem. Para mim, por outro lado, finalmente sentia-me dona de minha vida, tendo ao meu alcance amizades e livros que nunca tinha tido antes. E Carlos ainda era, apesar de um tanto ausente, uma mente brilhante e inquisitiva, que me estimulava a seguir novos rumos. Dessa forma, estávamos os dois mais ou menos felizes, e nunca, nos três anos de casamento, havíamos brigado.

É coisa engraçada de dizer, Júlia, mas geralmente quando não há nenhuma discussão, é porque também não há tanto interesse. Casando-se um dia, espero que tenhas as discussões necessárias, que, por mal que façam, também causam crescimento a um casal que é humano e necessita sempre de aprender novas coisas.

Percebi que, de alguma forma, esse meu trato perfeito com Carlos não era assim tão perfeito. Talvez, devido ao meu medo e à falta de interesse dele (e meu também, é preciso acrescentar), tenhamos perdido coisas preciosas na vida: entre elas, o amor entre marido e mulher.

O nome da mulher não me saía da cabeça: "Valerie". Parecia francesa ou coisa similar. Veio-me novamente a preocupação de que talvez eu estivesse atrapalhando seriamente alguém. Decidi-me, então, naquela noite, conversar com Carlos de forma amigável e perguntar o que realmente estava se passando. Embora me lembrasse das palavras de Nana, lembrei também de alguns casos em que os maridos ou as esposas largam o casamento para se dedicar aos amantes.

Acredito que, de forma inocente, senti uma pouco de pena da moça, que se sujeitava a ficar com homem por todos sabido como casado. Saíamos sempre nas colunas sociais, e não havia na cidade entre os de nossa classe quem não nos conhecesse como casal jovem e agradável. Como seria para ela ter de dividi-lo comigo? Saberia ela da nossa situação?

Arrumei-me um pouco mais para a chegada da noite, quando ele estaria em casa, e, sentada no divã da sala, esperei-o.

Deviam ser aproximadamente seis e meia da tarde quando Carlos parou o carro em frente a nossa casa. Levantei-me e fui recebê-lo. Ao me ver à porta ele estranhou um pouco, mas me sorriu como sempre. Levei-o a sala de jantar com as perguntas costumeiras: "Já tinha fome? Como tinha sido teu dia? Muito serviço?". Ele ia respondendo por monossílabos, já bastante surpreendido. Foi quando perguntei finalmente:

– Vais sair hoje, Carlos?

Olhando-me mais desconfiado do que nunca, ele respondeu:

– Ainda não sei, Clara, por quê? Queres me falar algo? Algo aconteceu?

Ao me saber assim tão transparente aos seus olhos, resolvi acalmá-lo:

– Nada de sério, querido, apenas queria conversar um pouco contigo. Só alguns minutos...

Deixando o jantar de lado, ele me conduziu ao divã, olhando-me firmemente nos olhos:

– Algo com tua família? Tu estás te sentindo bem?

– Ora, Carlos, nada de sério. Queria só conversar um pouco.

Nunca minha timidez tinha me pesado tanto. Vendo que não conseguiria falar no assunto, resolvi que abordar o tema de forma direta era a minha única alternativa. Sendo assim, mostrei-lhe o bilhete, que eu tinha tido o cuidado de desamassar, um tanto em vão, já que o papel era fino demais.

Olhando o papel, desconfiado, Carlos o tirou de minhas mãos. Não estivesse eu tão nervosa, teria rido da situação: Carlos primeiro empalideceu, como se tivesse sido pego em algo desonesto, depois, olhando o bilhete novamente, ficou rubro de raiva. Afastei-me dele e dei-lhe as costas em violento constrangimento: que tinha eu de me meter em seus assuntos? Que direito tinha?

Depois ponderei que apenas queria, apesar da situação, conhecê-lo um pouco mais e, quem sabe, poder ajudá-lo também. Muito perspicaz, Carlos me perguntou:

– Isto veio em uma de minhas roupas?

– Sim, Nana achou e veio me mostrar. Queria saber.

– Nana viu? E ela sabe ler?

– Sim, viu, e não, não sabe ler. Eu lhe disse que era um pedido de tecidos.

– E ela acreditou?

Eu dei de ombros. Entendia a preocupação dele com Nana, a quem também tinha se apegado e que lhe fazia os menores desejos, levando-lhe sempre seus doces e trazendo-lhe os charutos. Sabia também que Nana poderia falar com alguém de minha família, o que para ele não seria bom. Logo, respondi:

– Não te preocupes com Nana, Carlos. Ela nunca diria nada a ninguém.

Ele então suspirou. Olhou-me um tanto apreensivo, depois me disse:

– Sempre fomos bons amigos, Clara, e eu sempre te respeitei. Que queres saber?

Aproveitando a chance, resolvi ser sincera com ele:

– É coisa séria, Carlos? Há quanto tempo vem acontecendo?

Ele não parecia estar muito à vontade, mas me respondeu:

– Não é tão sério assim, Clara. Dura já alguns meses, mas nunca foi coisa com que tu devas te preocupar.

– Quem é ela? Onde vive?

– É dançarina, vive no centro da cidade. Enfim, isso não são coisas para uma moça como tu saberes, mesmo porque não pertencem ao mesmo ambiente. Nunca se cruzariam numa reunião social ou algo assim.

– Ela sabe que tu és casado, Carlos?

– Claro, mas nem faz ideia de nossa real situação. Não comentaria coisas desse tipo com ninguém, menos ainda com ela.

Calei-me um pouco. Ele parecia cada vez menos descontraído.

– Há algo mais que queiras saber, Clara?

– Sim. Estás apaixonado por ela?

Ele me deu um riso amargo, que me atingiu o peito. E respondeu pesarosamente:

– Não, Clara, ela me diverte, mas é só. Para que eu me apaixonasse, ela teria de ter outros dons além de me divertir. Como sabes, aprecio também a delicadeza e a inteligência das pessoas. Apesar de bonita, Valerie, se esse é seu verdadeiro nome, não é culta. Suas bobagens me divertem, e às vezes me causam enfado. Não poderia nunca ter uma vida com ela, como tenho contigo, em nossas conversas demoradas. Valerie gosta de meus presentes, tem por mim alguma simpatia, mas é só.

Ao sabê-la bonita, veio em mim então curiosidade feminina:

– Como é ela, Carlos? Loura? Morena? Jovem?

– Para que queres saber disso, Clara?

– Curiosidade feminina...

Ele então me sorriu, desconfiadamente:

– Sei, ela tem mais ou menos a tua idade, é loura, ou tinge os cabelos como tantas hoje em dia. Os cabelos, ao contrário dos teus que são lisos e brilhantes, são anelados e um tanto foscos, mas nela até que fica divertido. É um pouco mais alta do que tu, mais encorpada também. À primeira vista ela chama muita atenção, dá grandes e altas gargalhadas a respeito de tudo. Ao contrário de ti também, que raramente toma um vinho do Porto, ela bebe bem e adora o champanhe, quase sempre tem uma taça nas mãos.

– Ela parece encantadora como as moças do cinema.

– À primeira vista sim, mas logo se nota a encenação. Ela é vulgar, depois de alguns dias todos acabam notando a maquiagem exagerada, o perfume doce demais e, quando fala, minha querida, perde quase todo o encanto. Tem vocabulário grosseiro, a voz é um tanto esganiçada, tenho por ela um pouco de pena, e a atração que senti meses atrás já se foi há tempos.

Sabendo-a assim, deu-me certa pena também. Carlos, se não era assim tão bonito, podia ser encantador quando queria. Possuía boa voz de barítono, era extremamente asseado e tinha os olhos brilhantes. Trajava-se também à perfeição da época, distintamente, e aparentava pouco mais que seus 29 anos. Veio-me à cabeça, já o vendo mais relaxado, a seguinte pergunta:

– Por que então, Carlos, continuas a vê-la?

Ele tornou a sorrir tristemente, ao que me disse:

– Não fazes ideia, minha querida Clara, do que este tipo de mulher representa. Vendo-me em boa situação, ela agora exige que eu te deixe e que dê a ela casa montada. Diz-se extremamente apaixonada, ameaça-me com a morte dela e tem dito diversas vezes que pretende importunar-te. Por isso, minha querida Clara, vejo-me agora em tal perniciosa situação. O bilhete que ela me deixou no casaco sem a minha anuência prova isso. Peço-te que me perdoe, eu devia ter sido mais cauteloso em minhas relações. Não tinha o direito de envolver-te nisso.

Ponderei penosamente:

– Podemos não ser casados de fato, querido Carlos, mas somos ainda os melhores amigos um do outro. Pelo menos assim te considero e tudo o que te acontece, morando comigo, me diz respeito.

O fato é, Júlia, que teu pai, embora apresentasse lindas qualidades, tinha infelizmente consigo o vírus machista da época, vírus esse tão cego que acredita poder comprar pessoas,

ou as sensações que elas possuem. Não fazes a menor ideia do que tais coisas significam por aqui. Vemos por aqui irmãzinhas desencarnadas em situação atroz, cobertas de chagas que esses sentimentos impuros por elas experimentados deixam em seu perispírito. Quando os homens que as pagam as abandonam, deixam também dolorosas feridas, que, por mais que elas ocultem com seus vícios terrenos, são profundas macerações na alma. Na época eu não tinha como saber disso, mas já intuía e sentia por essas infelizes grande pena.

Carlos, no entanto, sentia-se entre aliviado com minha compreensão e preocupado com possíveis futuras investidas da moça. Continuou tentando me explicar a situação:

– Pudesses compreender, Clara, como são essas moças; justo tu, criada em colégio de freiras, em nada, Clara, lembram a ti. Ela é vulgar e chamativa, tu és discreta e suave. Enquanto nela a beleza física atrai inicialmente e se desgasta com o tempo, a tua, que de início parece comum, se firma com os dias, e tu transpareces cada vez mais, em tuas maneiras, uma beleza invulgar. Teus olhos sem pintura são poços de água como o teu nome, Clara; já os dela parecem abismos sem fundo. Caí em tentação comum, é certo, mas todos os homens caem, Clara. E depois, tendo nosso casamento tão diferente situação, vi-me um pouco impelido a isso.

Corei violentamente. Tinha por Carlos grande simpatia e amizade, mas a famosa paixão que parece mover os apaixonados estava longe de mim. Acreditava sinceramente, Júlia, que tirando minha pequena paixonite de adolescente, nunca sentiria as coisas que os livros descreviam com tal fervor. E não me sentia disposta a tornar meu casamento real, justamente por não possuir esses anseios. Seria para mim como um ato violento contra minha própria pessoa. Porém, Carlos não teria razão? Talvez minha atitude o empurrasse para semelhantes fins.

– Peço-te Carlos, que me perdoe. Mas tais assuntos para mim são ainda bastante complicados. Mas devo dizer-te que, em nome de nossa tranquilidade, tentarei superar os meus medos. Desejo apenas mais um tempo para conseguir me acostumar à ideia.

Ele pareceu respirar aliviado; com um toque de esperança na voz, me disse:

– Será, Clara? Algum dia me aceitarás como marido?

Sentindo por ele alguma pena, respondi:

– Com o tempo, meu querido amigo, tudo é possível. Afinal, não podemos continuar sempre assim. Quero ter filhos algum dia.

O olhar dele se iluminou:

– Filhos, Clara, são o sonho de qualquer homem. Eu soube esperar até agora, e devo dizer que já tinha perdido as esperanças. Contudo, saberei me afastar de semelhante situação. Peço-te eu também algum tempo, já que a moça em questão não se mostra disposta a me deixar ir sem constrangimento.

Imaginando que ela tinha se apaixonado por ele, respondi:

– Carlos, mas tens certeza de que nada queres com essa moça? Não é meu desejo atrapalhar tua vida.

Ele me olhou sério, respondendo:

– Não há entre mim e tal criatura um sentimento honesto sequer. Enganei-me achando que comprando seus favores teria sossego. É justamente o inverso. Tem calma, Clara, e em nenhuma hipótese admitirei que ela venha te incomodar, como já ameaçou.

Notando nele a aversão pela moça, respondi:

– Não sejas violento com ela. Isso eu não te perdoaria.

– Querida Clara, às vezes não temos outra opção.

– Sendo violento com ela, tua fraqueza se transformaria em crime, e eu não te aceitaria mais. Conte comigo para futuros embates que possam aparecer, mas, de forma nenhuma, pratiques violência.

– Deves entender que tal criatura é violenta, Clara...

Meu coração se apertou um pouco. Com que pessoa meu querido Carlos foi se envolver! Só pude responder:

– Violência, meu querido, se cura com paciência. E, depois, se o pior era que eu ficasse sabendo, agora já sei. Conta comigo, Carlos, com o tempo tudo se resolverá, ninguém nos separará se formos honestos um com o outro.

Ajoelhando-se aos meus pés, para meu constrangimento, ele me beijou as mãos, emocionado, e ainda disse:

– Não te mereço, Clara. Deus sabe que não!

Sétima mensagem

Visita

Não tocamos mais no assunto por algumas semanas. Conversávamos normalmente a respeito de tudo, menos da moça. Tinha ele de viajar e comprar mercadorias para a loja quando eu já me achava menos retraída. Devo dizer-te, Júlia, que teu pai me olhava com olhos muito ternos, de amigo devotado, ou algo que eu ainda não entendia.

Não posso te dizer que toda a história não me deixou pensativa, aquilo tudo era um mundo que eu não conhecia além dos livros e das telas de cinema. Vivia eu, como a maior parte das pessoas, aliás, no meu próprio mundo, tranquila com meus livros e afazeres sociais. Por mais que me esforçasse, não tinha como estar preparada para o que viria a seguir.

Fazia então dois ou três dias que teu pai tinha viajado, estava eu entretida com revistas de moda e novas músicas que tinham saído para o piano, quando, às dez horas da manhã, alguém bateu vigorosamente em minha porta. Eu ia atender, quando Nana veio da cozinha, limpando as mãos no avental, reclamando da arrumadeira, que devia atender a porta e estava no andar de cima. Ainda me lembro de seus vastos quadris balançando para o lado da porta de entrada, e dela resmungando:

– Mas que gente mal-educada! Parece que quer derrubar a porta!

Ouvi então alguns murmúrios. De onde eu estava não tinha como ver quem era. Levantei-me justamente quando Nana era colocada de lado bruscamente por uma senhora, bem-vestida e muito maquiada, loura como o sol. Ela então esbravejou com Nana:

– Só quero falar com a "princesa" por alguns minutos. É assunto de interesse dela, já disse!

– Dona Clara não tem nada a falar com gente do seu tipo.

– Isso quem decide é ela.

Ao me ver, a exótica criatura calou-se. Ao que eu, entre curiosa e tentando sair livre da confusão, consenti:

– Deixa que ela entre, Nana. Afinal, nunca me recusei a receber ninguém nesta casa.

Nana, que ainda parecia barulhento cão de guarda, resmungou:

– Está tudo bem, dona Clara. Mas visita como esta a senhora nunca recebeu antes.

Ao notar meu olhar suplicante, ela se retraiu, mas ainda disse:

– Qualquer coisa, estou na cozinha. Mas num diz que num avisei.

Óbvio que havia intuído de quem se tratava, Júlia. A descrição que Carlos tinha feito dela tinha sido bem realista: ela realmente chamava atenção. Agi educadamente, mesmo porque

não tinha nada contra a moça. Sabia separar bem essas coisas e nunca me vi correndo nenhum risco com ela, por mais estranha que fosse a situação. Convidei-a se sentar, perguntei se era servida de um café ou suco, coisa, aliás, que ela estranhou um pouco.

– Não, obrigada, estou bem. É a senhora a dona Clara?

– Sim, o que posso fazer pela senhora?

Ela estranhou ainda mais o meu comportamento. Seus belos olhos azuis piscaram um pouco quando me deu um sorriso um tanto malicioso, erguendo o voluptuoso busto:

– Sabes quem sou?

Embora soubesse, fiquei constrangida de dizer, de forma que me calei.

– Chamo-me Valerie e sou o amor da vida de teu marido. Vim aqui para conversar com a senhora. Devo dizer que esperava coisa diferente, mas como vejo que a senhora é educada e fina, acredito que teremos nossa conversa em paz.

Respondi, um tanto contrafeita:

– Não me recordo, senhora, de ter brigado antes em minha vida. Agora, com certeza, não vejo motivo para tanto. Concordo que conversaremos em paz. Que quer de mim?

Ao notar que eu não tinha me surpreendido com seu anúncio de "amor da vida" de Carlos, ela ficou um pouco perdida. À luz da manhã, notei nela, apesar da pouca idade, face emaciada pelo tempo perdido em noites e vícios, que grossa camada de maquiagem tentava esconder. Na boca bonita e bem pintada, pequenas rugas já se desenhavam em contraste com o pó de arroz muito branco. Não posso dizer-te, Júlia, da pena que tive, talvez ela à noite, na luz adequada, parecesse melhor, ou mesmo estonteante. Mas achei-a tão sofrida que o sentimento de piedade foi natural.

– Deixa-o, senhora. Liberta teu marido para que ele possa arcar com seu compromisso comigo. Sinto ter de vir aqui, mas a covardia de Carlos só me deixou esta alternativa.

Lembrei-me, perdoa a comparação, de grotesca cena que tinha visto nos cinemas de então. Devo dizer que a senhora em questão me passava sentimentos confusos, como os de raiva, despeito, vaidade ferida e medo. A impressão que me deu foi de que, sabendo-se já não tão atraente, tinha fixado em Carlos suas últimas esperanças de uma vida confortável. Recompus-me como pude e balbuciei:

– Quer que eu o deixe? E por que, já que o amor de vocês é tão grande, ele não me deixou? Eu já sabia, senhora, de seu envolvimento com ele, mas não vejo em meu marido vontade de abandonar-me. Vejo nele apenas a vontade de deixá-la.

Ao ouvir minha resposta estranha, porém sincera, ela armou-se de imediato. Levantando-se da cadeira fez largo gesto teatral abrindo os braços e mostrando a sala, bonita e bem mobiliada com o gosto impecável de minha mãe:

– Não nota que ele nunca a deixaria? Todos sabem que se casou com a senhora pelo dinheiro de tua família, mas hoje ele já está bem. Pode escapar disso tudo. Achei que não sabia de nosso envolvimento, mas vendo-a informada, só posso concluir que tem mantido Carlos preso ao compromisso.

Notei que qualquer coisa que eu dissesse seria distorcida. Logo, impossível continuar qualquer conversa, já que ela queria ofender-me. Seu perfume muito doce e forte enchia a sala e já me dava dores de cabeça. Ela notou que eu ia pedir que se retirasse e voltou a mim com agressividade contida:

– Se o ama, deve querer para ele o melhor. E ele é louco por mim, não sabes como ele tem passado por não saber como deixá-la.

Não contente com isso, desfilou diante de meus ouvidos várias intimidades que tinham tido, contando com detalhes suas cenas de amor. Fosse eu apaixonada pelo meu marido teria ficado em prantos, mas a crueza dos relatos ainda assim me chocou, a descrição de determinadas situações eu nunca tinha ouvido antes com tamanha veracidade. Devo ter corado um pouco, o que a inflamou ainda mais.

Por mais que eu tentasse, Júlia, semelhantes relatos aguçaram minha curiosidade. A vulgaridade com que as preferências de meu marido foram descritas me chamaram particular atenção. Ao ver meu choque (justo eu, que ainda era totalmente inexperiente), ela deduziu que fosse por paixão. Vendo tamanha confusão, pedi finalmente que se retirasse, ao que a ensandecida criatura me respondeu placidamente:

– Peço-lhe perdão se a choquei, mas era necessário para que a senhora compreendesse a extensão de nosso amor. Agora que já sabe, creio que deixará Carlos em paz.

Mais confusa que mortificada, ainda assim não pude mentir-lhe:

– Senhora, isso a ele compete. Não mando nos sentimentos de meu marido. Se for do desejo dele deixar-me, coisa que ele teme como já me disse, eu o deixarei livre, mesmo porque nunca o prendi. Mas, se Carlos desejar ficar, esta casa a ele também pertence. Não obstante o que me contou tenha me feito refletir bastante, creio que ele deve tomar esta difícil decisão.

Ela fez-se rubra por baixo da maquiagem. Tive, confesso Júlia, medo de que ela me atacasse fisicamente, mas ela fez ainda pior:

– Faça-me, então, um último favor, que depois não a incomodarei mais. Diga a seu marido que espero o filho que ele tanto deseja. Passe bem...

Dito isso, saiu batendo a porta, como último gesto do teatro bem ensaiado. Nana, ouvindo o estrondo da porta, veio correndo ao meu encontro.

– Já foi aquela uma?

Notando-me muito pálida, preocupou-se de imediato:

– Que aconteceu, dona Clara? Ela te fez mal, não fez? Que foi que ela disse?

Da confusão toda que tinha se passado, só lembrei e contei da última frase:

– Ela disse que espera um filho dele, Nana.

Nana sentou-se diante de mim, um tanto passada também com a notícia. Depois de alguns instantes de silêncio, ela me olhou desconfiada:

– E como ela sabe que o filho é dele, dona Clara? Se eu fosse a senhora, conversava com ele antes. Esse tipo de gente inventa de tudo, conversa com seu Carlos antes de fazer qualquer coisa.

Concordei. Afinal, o que mais me restava?

Oitava mensagem

Problemas em casa

O bom Deus traça os seus caminhos de forma misteriosa Júlia, mas nos deixa milhares de pistas de aprendizado, nos quais ou nos fortalecemos, ou caímos. Depois de tão dura visita, meu coração encheu-se de emoções que eu antes desconhecia e que formavam aterrador quadro. Entristeço-me vendo como nós, humanos, às vezes nos achamos de alguma forma superiores a algo. Não somos, Júlia. Nem maiores nem menores que ninguém! Deus dotou a todos nós de imensa energia, imensa vontade e imenso poder. Não acredita, filha, nem por um minuto, que somos mais poderosos que outras pessoas. E, muitas vezes, os maus, tanto da Terra, como daqui, possuem vigorosa força em seus sentimentos.

Quando Valerie (será que era assim mesmo que se chamava?) deixou a minha casa, deixou com ela também seus medos, frustrações, inveja e maldade. Por mais civilizados que sejamos, quando pessoas assim tão complicadas atravessam nosso caminho, nos atingem. Hás de entender, querida, que, para uma pessoa inexperiente como eu era, ouvir tais e tão intensos relatos sobre a natureza sexual de um relacionamento como o dela e de Carlos chocou-me profundamente.

Dei-me conta de quão cega tinha sido, durante toda a minha vida. Minhas informações a respeito do mundo vinham de fontes que eu tinha a meu dispor, como os livros, os filmes – tudo na época era, devo dizer, sabiamente censurado. As coisas sujas e deprimentes do mundo tinham-me sido vedadas, para de uma vez só assolarem-me de imediato. Na realidade, querida Júlia, não há muito o que aprender com esse tipo de comportamento, mas, observando-o de perto, podemos, ao menos com o tempo, defender-nos dele.

Fiquei longo tempo encerrada em meu quarto, perdi o sono. O mundo, que eu achava tão bom e puro, de repente me pareceu pervertido e mau. Tomei-me de asco pelos homens, principalmente por Carlos. Mas o que me preocupava sobremaneira era o filho a que ela se referira. Deus do céu, uma criança inocente não poderia ou deveria nascer em tal ambiente. E esquecemo-nos sempre que, em cada criança, há uma alma milenar neste plano, e que muito embora sejam frágeis em sua aparência, são espíritos que acordam para a vida. E Deus toma conta delas como toma de nós, acredito até que com mais cuidado.

Confundia-me sinceramente com a imagem que antes tinha de Carlos, que me parecia dedicado amigo e bom companheiro. Aprender de chofre sobre suas preferências em outras áreas, para mim completamente desconhecidas, marcou-me profundamente. Nunca mais o veria com os mesmos olhos.

Deixei-me ficar no quarto por longo tempo, tentando refazer-me do susto. Uma coisa ele tinha dito acertadamente:

nós duas não poderíamos ser mais diferentes. Além da aparência física ser totalmente diversa, as almas eram muito contrastantes. Eu sentia pena da moça assustada e feroz que tanto mal tinha me causado com suas revelações, mas a repulsa também era imensa. Esforcei-me por não julgá-la, e hoje entendo o porquê: se temos outras existências antes dessa, embora nesta última eu tenha me abstido de coisas vãs, o que eu poderia dizer das outras encarnações que tinha tido? Hoje sei que agi acertadamente tentando não julgar e entendo o amado Jesus quando pede que nunca julguemos ninguém.

Nana ficou extremamente preocupada comigo. Vinha chamar-me para as refeições, levava-me lanches no quarto, sempre dedicada, a minha Nana. Estava, porém, furiosa com toda a situação. Dizia-me que nunca deveria ter deixado entrar em minha casa semelhante criatura e que Carlos tinha errado muito.

– Mas, Nana – respondi –, se ele errou também devo ter tido minha parcela de culpa. Não vamos julgá-lo assim. Acredito que ele, mais do que nós, sofrerá ainda muito com as atitudes que tomou.

Ela me olhou um tanto exasperada e concluiu:

– A senhora, dona Clara, não pertence mesmo a este mundo!

Mas pertencia, e pela primeira vez tomava ciência das coisas que podiam se passar nele. Dias depois, Carlos entrou pela nossa porta, vindo de viagem, mas, antes de falar comigo, que estava em meu quarto, deparou com Nana, que o inteirou de toda a situação. Ficou mortificado, o meu amigo, que não acreditava que a moça teria coragem para invadir-nos o lar. Correu ao meu quarto e bateu fortemente à minha porta:

– Clara, estás bem, Clara? Abre que desejo falar contigo.

Pesadamente, levantei de minha cama. Não me sentia ainda disposta a conversar com ninguém, perdida que estava em minhas considerações. Mas o tom urgente de Carlos me chamou a atenção; logo, ajeitei meus cabelos no espelho, recompus-me e fui abrir a porta.

– Estou bem, Carlos, na medida do possível. Podemos conversar mais tarde? Ainda me dói a cabeça com tantas coisas que me foram reveladas.

Foi o mesmo que ter-lhe pedido para entrar, coisa que ele o fez, com algum espalhafato. Tomou-me das mãos e olhou em meus olhos:

– Como a deixaste entrar, Clara? Enlouqueceste? Já não tinha te avisado sobre semelhante criatura?

Olhei para ele, retirando minhas mãos das suas, que me queimavam com sua força.

– Nunca na vida, Carlos, fechei minha porta para quem quer que fosse. Não começarei a fazê-lo agora, ainda que me custe algumas horas de sono.

– Ela está proibida de entrar aqui e perturbar-te mais. Ouviste, Nana? Se aparecer novamente, quero que chames a polícia, ou me chames no serviço. Clara, não precisas passar por semelhantes provações pelos meus erros.

Ao notar-me muito pálida, segurou-me pelos ombros e me fez sentar. Qualquer toque dele me nauseava um pouco. Tentei, Júlia, fortemente controlar minhas emoções, mas, de repente, veio uma vontade de pranto desesperado. Lágrimas corriam pelo meu rosto descontroladamente. Carlos, que nunca tinha me visto chorar antes, assustou-se, e me pediu delicadamente:

– Anda, Clara, me conta, o que conversaram? Que mentiras ela te contou?

– Não sei se foram mentiras, Carlos. Sei também que devemos conversar longamente ainda. Só te peço que agora não. Minha cabeça realmente me dói muito.

Vendo-me assim, ele concordou.

– Nana, toma conta dela que vou para a loja do centro. Logo mais volto e, quando estiveres mais calma, conversaremos ainda hoje.

Dito isto, saiu do quarto. Nana enxugou minhas lágrimas, deu-me forte abraço, ao que finalmente parei de chorar. Notei que, embora talvez tivesse se casado comigo pela posição de minha família, Carlos hoje tinha-me ao menos grande estima, o que me confortou um pouco. Será que ela teria mentido, quando me contou suas histórias? Não sei, mas há um pouco de verdade mesmo nas mentiras que escutamos, Júlia.

Tomei longo banho de imersão, quente e aconchegante, como Nana tinha me aconselhado. Depois disso, senti-me um pouco melhor, fiz meu lanche como de costume e escovei longamente meus cabelos. Olhei-me no espelho achando-me deplorável. Os olhos incrivelmente vermelhos, o nariz um tanto inchado; definitivamente, chorar não fazia nenhum bem à minha aparência. Pensando nisso, sorri um pouco. Que diferença entre mim e a moça tão sofisticada e maquiada que tinha visto em minha sala! Fui providenciar um jantar leve, pois sabia que Carlos não demoraria.

Mas, ao contrário do que eu pensava, Carlos demorou a chegar. Já ia me recolher ao quarto quando ouvi suas largas passadas na porta. Ele entrou com um vago cheiro de álcool, e embora não estivesse embriagado, parecia bastante transtornado.

Ao me ver, sentou-se na cadeira de frente ao divã e olhou-me demoradamente.

– Eu já ia dormir. Tens certeza de que queres conversar comigo ainda hoje?

– Desculpa o atraso, Clara, é que eu precisava falar com ela para esclarecer essa situação de uma vez por todas.

– Não tinha esclarecido ainda?

Ele sorriu tristemente.

– Por mim, já. Mas parece que ela não se conforma.

Vaga dor me apertou o peito. Eu tinha de esclarecer determinadas dúvidas que só fariam crescer com o tempo:

– Carlos, tens certeza de que não a quer? Ela pareceu-me tão segura de teus sentimentos por ela.

O sorriso agora foi irônico:

– Querida Clara, vivendo como viveu em teu mundo e com a sua bondade natural, não creio que venhas a compreender o que se passa na cabeça dessa criatura. Existe mal no mundo, Clara, e mentiras...

Não falei nada, um tanto zangada. Óbvio que sabia que existiam mentiras e mal no mundo. Apesar de tudo, já frequentava a sociedade o suficiente para me aperceber das invejas e das maldades alheias. A diferença é que na sociedade elas vinham disfarçadas, e o que Valerie me contou vinha com uma crueza infinita.

– Posso ser boa, Carlos, mas não sou tola. A única coisa que desejo é resolver essa situação da melhor forma possível. Acredito que não se deva ficar com alguém apenas por obrigações morais, mas sim por verdadeira estima. Depois do ocorrido, me venho sentindo um tanto culpada por atrapalhar tua vida. Não acredito que eu possa ter o que buscas.

Aconteceu então o que eu não esperava nunca. Colocando as mãos sobre o rosto, Carlos chorou copiosamente. Um tanto envergonhado de suas lágrimas, disse-me enfim:

– Minha querida, se soubesses a natureza de meus sentimentos. És mais do que busco, Clara, sempre foste. Mas, tão distante tu és, tão altiva e sem malícia, que me vejo desarmado perante ti. É fato que tive paixões pecaminosas durante minha vida, mas tu, com esse teu comportamento puro, às vezes me deixas bastante confuso.

Sentei-me perto dele na tentativa de acalmá-lo. Assim que o vi melhor perguntei enfim o que me pesava no peito:

– Carlos, agora temos de pensar na criança que ela afirma esperar de ti. O inocente que vem aí não tem culpa de nossos erros. Como pensas resolver semelhante situação?

– Devo te ser franco, Clara. Pedi que ela tirasse a criança, não posso arcar com tal responsabilidade no momento e nem desejo perder-te.

Triste pensamento me ocorreu ao pensar no que ele me tinha dito. Carlos tentava resolver seu erro com outro ainda maior.

– E ela concordou?

– Não, também não posso ter certeza de que esse filho seja meu, mas ela se agarra à criança como a um trunfo, pensando que assim criará comigo laços permanentes.

Respirei um tanto mais aliviada, não queria que ele perpetrasse tal crime.

– Ainda que não seja teu filho, Carlos, é vida que vem ao mundo. Não deves jamais pensar em semelhante coisa. Caso ela venha a ter a criança, conta comigo. Jamais desampararia um inocente, ainda mais se for filho teu. Se quiseres, continuamos a viver juntos, mas em hora nenhuma penses em não deixar que ela tenha o bebê.

Carlos me olhou um tanto aturdido. Não sei que reação ele esperava de mim, mas com certeza não era aquela.

– Estás louca, Clara? Pensas então em ajudar tal criatura?

– Claro. Tu sempre fostes meu maior amigo, tiveste comigo sempre paciência infinita. Se for teu filho, acredita, ele será bem-vindo, não entendo como podes pensar de diferente forma.

Num gesto típico dele quando estava exasperado, jogou os cabelos para trás. Parecia ter envelhecido dez anos com toda aquela situação. Ah, Júlia, os caminhos em que nos encontramos durante a vida, escolhas que pareciam ser levadas pela inconsequência às vezes resultam em tristes tropeços. Ele me olhou desolado.

– Está certo, Clara. Não a pressionarei para que tire a criança. Mas de forma nenhuma deixarei que ela te apoquente mais. Doeu-me o coração observar teu pranto, tu não mereces isso.

Respirei longamente:

– Dê tempo ao tempo, Carlos. Não a desampares agora, pois ela não me parece ter um caráter forte. Estarei contigo enquanto quiseres, da mesma forma que estive até hoje.

– Não me deixarás, então?

– Não. Se pude contar contigo nos meus momentos, podes contar comigo também. Apenas peço que me mantenhas informada, que não desejo ficar desprevenida em semelhante situação.

– Obrigado, Clara.

Subimos então aos nossos quartos. Difícil foi conciliar o sono, mas, de qualquer forma, sabia ter feito a coisa acertada. Deus nos ajudaria como sempre, foi o que pensei. E com isso, finalmente, dormi.

Nona mensagem

Nuvens no horizonte

Às vezes, Júlia, quando me recordo de semelhantes dias, parece-me que aconteceu com outra pessoa, e não com esta Clara que aqui está. São tão diferentes as coisas aqui, filha, que, embora eu esteja já há algum tempo, não canso de me deslumbrar. Como explicar o ar? É puro, translúcido como as manhãs de setembro da Terra. Flores de cores tão vivas, a temperatura agradável e as noites, com as estrelas a brilhar de forma tão suntuosa. Agora, que já me permitem ir à Terra para visitá-la, chegando lá muito me assombro com a dureza das coisas. Explicaram-me que aqui também é matéria, só que diferente daí. Há cursos aqui que nos fazem entender melhor esse tipo de atmosfera, mas, se eu já achava a Terra linda, aqui não canso de me deslumbrar com as maravilhas do Senhor.

A beleza, Júlia, mora antes de tudo dentro de nós. Quantas vezes caminhamos pelas praias ou montanhas de nosso amado planeta sem lhes sentir a essência? Outra coisa que é bastante diferente: há na Terra pessoas de apurada intuição, mas não se comparam às daqui. Enquanto na Terra buscam disfarçar os mais variados sentimentos, aqui, mesmo que disfarçados, são prontamente percebidos. Logo, sentimentos como a tristeza, que apaga um pouco o semblante, e a alegria, que parece iluminar e contagiar tudo em volta, são prontamente percebidos. Assim como a inveja, o medo, a decepção e o orgulho. Para esta última gama de sentimentos existe sempre o conselho honesto de alguém que busca sempre ajudar.

Mas espíritos de sentimentos similares se atraem lindamente. Quando existe o amor aqui, e ele é francamente percebido, a impressão que temos é de que as pessoas envolvidas caminham em um só campo de energia. Temos grande simpatia pelo sentimento do amor, que está, como em todo lugar, em constante evolução. A perfeição não está na estagnação, Júlia, mas na constante mudança.

Determinados espíritos chegam a perceber os sentimentos pelas cores e emanações que deles provêm. Ainda estou desenvolvendo isso, e é muito engraçado vermos os campos energéticos das pessoas se modificando à medida que os sentimentos fluem. O problema é que também há aqui muitos espíritos que ainda buscam desenvolvimento, e os sentimentos deles nos atingem duramente quando ainda não estamos preparados para nos defender. Logo, minha Júlia, cada conhecimento requer seu tempo e seu preparo.

Quando morava na Terra, me lembro de pessoas sempre me dizerem o quanto eu era sensível a determinadas situações. Em filmes, eu caía no choro sempre que a cena era triste, ou então dava largas gargalhadas quando o cômico caía de algum lugar.

Logo, com toda essa sensibilidade, tu podes imaginar como me afetou a situação que antes te contei.

Os meses na minha casa passaram-se lentos com a gravidez de Valerie, sendo ela figura conhecida em seu meio. À medida que sua cintura se avolumava, ela exclamava aos quatro ventos quem era o pai de seu filho. Carlos viveu um período de inferno, pois logo as revelações de Valerie chegaram ao nosso meio, e ele sofreu com os preconceitos da época.

Em sociedade, tudo é como um jogo de cartas marcadas. Embora tivesse me incluído nesse meio havia pouco tempo, já tinha percebido as pequenas falsidades e me assustado muito com elas. Várias vezes notei pessoas se tratarem cordialmente para depois destilarem comentários maldosos umas sobre as outras. Logo, não foi com surpresa que percebi os olhares de compaixão que eu recebia. Chegou aos meus ouvidos que o romance de Carlos com essa moça, antes bastante pobre, era de longa data, vinha mesmo antes de nosso casamento. Pobre Carlos, tão acostumado aos costumes da época, acreditou que só poderia se casar com alguém do mesmo nível. Eu soube também que depois de nosso casamento ela passou a se apresentar nas casas de shows de então, com relativo sucesso, pois era bonita. É engraçado, mas de alguma forma eu já intuía essas coisas, as quais Carlos nunca comentaria comigo.

Tive pena da moça, Júlia, juro que tive. Cresci cercada pelos mimos de mamãe e de Nana, mas sabia, pelos meninos e meninas da parte pobre do internato, que a pobreza pode ser muito feia. Se uma pessoa gosta de luxos, com certeza a pobreza deve parecer pesado encargo. Acredito que ela tenha sofrido bastante com o meu casamento, uma vez que se apegava a Carlos dessa forma. Algumas mulheres encaram o casamento como negócio lucrativo. Enquanto para mim foi uma forma de me libertar do jugo paterno, para elas é forma de vida, posição social e autoestima.

Nana, quando soube de minha posição perante a criança que viria, de início espantou-se um pouco, depois entendeu:

– O "inocentinho" não tem de pagar pelos erros dos outros, dona Clara, fazes muito bem.

Achei imensa graça na bondade de seu coração que tão bem entendia o meu. Nana às vezes podia ser um pouco rabugenta, mas não existe ninguém com coração melhor.

Notando a situação em que nos encontrávamos, parei de frequentar as reuniões sociais, que se antes me divertiam um pouco, agora me enfastiavam. Carlos, por sua vez, absteve-se também de tais contatos, porém, continuava a chegar em casa tarde e a evitar-me sempre que podia. Entendo hoje o transtorno pelo qual passava. Terminada a paixão que sentia pela moça, sentia-se agora irremediavelmente preso a um compromisso que eu não deixaria de cobrar: o cuidado com o filho que viria.

Havia também grande confusão com respeito ao filho ser ou não dele. Ao que parece, a moça, vendo seu amado casado comigo, tornou-se um pouco liberal para os costumes da época, atraindo assim comentários suficientes para instigar em Carlos pesadas dúvidas a respeito da paternidade. Apesar de tudo, sentia-me ligada à criança que, sendo ou não de Carlos, um dia poderia precisar de meus favores. Era engraçado, Júlia, mas de alguma forma eu me sentia responsável pela vida difícil de Valerie. Mesmo sabendo que não tinha culpa da situação, pois não sabia dos envolvimentos amorosos de Carlos na época, sentia-me desconfortável como se tivesse contribuído para seu sofrimento.

Nota, minha Júlia, como os valores sociais, quando encarados com mais seriedade do que os valores do coração, podem ser prejudiciais. Havia notado em Valerie desespero, despeito,

ódio, inveja. Sabia que levava vida desregrada, que com certeza não faria bem ao bebê. Os comentários que nos chegavam eram de que ela continuava trabalhando na mesma casa e que bebia demasiadamente todos os dias. Fiquei pensativa quando notei os enormes riscos que ela estava correndo, inclusive de contrair as famosas doenças da época.

De minha parte, tratei Carlos com o carinho de sempre. Tinha e tenho por ele enorme amizade, mas seu semblante mudou muito desde então. Andava abatido e nervoso, sentia-se realmente incomodado com a situação que ele mesmo tinha contribuído para criar. Não julgues nunca o teu pai, querida, afinal, muitos dos homens da época pareciam acreditar que esse tipo de comportamento era normal, e até desejável. Figurava-se como situação de *status* ter a seu dispor pobres moças como Valerie.

O fato é que meses se passaram e, numa noite de inverno extremamente frio, chegou a nossa casa pequeno mensageiro, chamando Carlos com urgência. Ele, que mal tinha acabado de chegar, percebeu logo de onde viera o menino, que parecia aflito, e pedia-lhe que saísse para atender seu apelo veementemente. Minha intuição concluiu que era chegada a hora do parto de Valerie, ou que a criança já tivesse nascido. Fechou-se o semblante de Carlos, dizendo que estava ocupado, mas que depois iria. Vendo-se assim despachado, o menino voltou-se para a rua, caminhando cabisbaixo.

Carlos me encarou contrariado, ao que eu disse:

– O recado é de quem penso?

– Sim – resmungou ele. – Parece que ela está finalmente tendo a criança.

Meu coração fechou-se um pouco, com receio de algo que eu ainda não entendia claramente.

– Acredito que devas ir.

– Por que, Clara? Por que devo ir assistir a semelhante cena, de uma despudorada que tantos problemas me causou? Não notas o quanto seria humilhante para mim enfrentar os frequentadores daquela casa em tal situação? Há boa chance de a criança não ser minha.

– Sim – ponderei calmamente –, mas há também a chance de que seja. Quanto aos frequentadores de tal casa, não creio que devas a eles nenhuma explicação. Por outro lado, Carlos, além do teu dever moral com a criança, poderás finalmente ver se ela tem algum traço teu. Assim, pelo menos, desfaríamos essa dúvida que há tanto tempo nos consome.

– E se for meu, o que faremos?

– Ainda não sei, querido. Mas confiemos em Deus nesta situação. Acredito que ele nos inspirará.

Ele correu à cômoda e pegou seu chapéu, me olhando ainda um pouco contrafeito:

– Está certo, Clara. Como me pedes, eu vou. Não me esperes acordada, amanhã te relatarei os fatos e quem sabe se finalmente não encerraremos toda essa história.

Saiu ele para a noite fria, e fiquei em casa abraçada em meu xale, tomando meu leite quente com Nana, que também não conseguia pregar os olhos. Estávamos as duas um pouco mais que apreensivas, afinal, não havia como saber o que aconteceria. Minha boa Nana acendeu uma vela aos pés de Nossa Senhora e fez uma oração. Depois disso, a casa se tornou um tanto mais calma e finalmente conseguimos adormecer.

Décima mensagem

O pedido de Clara

Quando acordamos pela manhã, Carlos ainda não havia retornado. Nós nos olhamos profundamente preocupadas: aquilo não podia ser bom sinal. Carlos tinha ido ao local a contragosto, não ficaria lá se algo não estivesse ocorrendo.

Eram por volta de dez horas da manhã de um dia nublado e triste, quando ele entrou pela porta. Parecia, além de extremamente cansado, muito abatido. Encontrou-nos à sua espera, baixou a cabeça e sentou-se na cadeira à minha frente. Antes que eu pudesse formular qualquer pergunta, ele logo me disse:

– Está morta. Valerie está morta.

Devido ao susto da notícia, fiz-me pálida. Só pude murmurar:

– Como?

Pesado soluço saiu de sua garganta, mas ele logo se recompôs. Pediu a Nana que lhe trouxesse uma xícara de café forte e então contou-me toda a história de sua noite:

– Quando cheguei lá, não imaginas, Clara, a confusão que havia se instaurado no lugar. Valerie, em trabalho de parto prematuro, gritava tanto de dores, que o lugar havia se esvaziado. A dona da casa pareceu-me bastante contrafeita com a situação, mas assim que me viu entrar levou-me logo ao quarto para que ela pudesse se acalmar. Sim, porque era por mim que ela gritava o tempo inteiro.

Notei em seu semblante torturado o quanto a experiência devia ter sido difícil. Ele continuou:

– Vi então um quadro triste. No quarto decorado antes para receber os homens, com decoração espalhafatosa e cara, Valerie estava na cama, pálida como a morte. A parteira tentava em vão estancar o sangue que empapava a cama, tornando vermelhos os lençóis brancos. Pressenti logo o que poderia acontecer e cheguei-me para perto dela, que, ao me ver, parou com os gritos e disse:

– Finalmente!

Ele tomou um longo gole de café e acendeu um de seus famosos charutos. Notei que tentava colocar a cabeça em ordem para me relatar os fatos.

– Ela pegou minhas mãos e deu desesperado aperto. Nunca, Clara, em toda a minha vida poderei esquecer semelhante cena: ela começou então a me acusar, em desespero, pelo meu casamento, por sua atual situação, e sentindo que a morte se aproximava me amaldiçoou repetidas vezes. Quando notou que eu ia me levantar para ir embora, chamou-me de novo e mostroume, a pé da cama, pequeno embrulho enrolado em toscas mantas

– Era o bebê? Como está o bebê?

Levantei-me para olhá-lo e vi pequena e mirrada criatura, com certeza já com fome. Valerie tinha se comportado mal durante a gravidez, como tinha feito durante toda a sua vida.

Acredito que as bebidas alcoólicas e as drogas que às vezes usava, como o ópio, que era a sua paixão, a tivessem colocado em semelhante situação.

– Parece contigo, Carlos? É menino?

Ele deu imenso suspiro:

– Sim. É um menino. Quanto a parecer-se, ainda não sei. É pequeno demais e prematuro. Espantou-me que ele não tem o choro forte dos recém-nascidos, apenas murmura. Ela o apresentou a mim como "o filho da minha culpa". Sabia-se à morte e não me poupou. Também não sei, Clara, se eu me pouparia em tal situação.

– Onde está, Carlos, a criança?

Ele olhou-me ternamente.

– Por que quer saber, Clara?

Continuei, sem ainda atinar o porquê, com o meu interesse:

– Responde-me, querido, onde está?

– Depois que Valerie morreu, saí de lá a pedido da dona da casa para procurar uma ama de leite para a criança. Por sorte encontrei uma, nas redondezas. Ainda não sei o que farão com a criança, mas é claro que onde está não pode ficar. Dei a elas o dinheiro necessário para o enterro de Valerie, e, quanto à criança, creio que elas a colocarão num desses orfanatos. Valerie não era querida lá, não creio que tenha feito amigas mesmo em tal lugar. O pequeno nem roupinhas possui, estava enrolado em velho xale de alguma das mulheres do lugar.

Olhei para meu marido em aflição. Valerie com certeza me detestava, e nunca tinha se preocupado com a criança. Meu coração se apertava ao notar que o pequeno, além de órfão, já vinha tão rejeitado por todos. Pareceu-me então ouvir uma voz a meus ouvidos: "Fica com ele, Clara, não te arrependerás". Disse, então, decidida como nunca antes a meu marido:

– Traz a criança para mim, Carlos. Eu e Nana cuidaremos dela.

Nana, que tudo ouvia em meio a lágrimas, confirmou com a cabeça, orgulhosamente. Minha Nana sempre adorou crianças, e a situação daquele pequeno a interessava também.

– Nem pensar, Clara. Não permito. Já imaginou a falatório do povo? Colocar o filho daquela mulher dentro desta casa?

– Eles já falam; de qualquer forma, o mal já foi feito, resta-nos agora tentar remediá-lo. E depois, não seria o primeiro filho ilegítimo de que uma senhora toma conta. Sabemos de casos por aqui, assim como também o sabes. E, com o tempo, todos se acostumam. Traz o menino, Carlos, que pode ser filho teu. És meu amigo e quero ajudar-te. Não o abandones agora, pois mais tarde podes vir a te arrepender.

Muito embora eu tenha falado decididamente, Carlos ainda não se conformava com a situação.

- Queres, então, Clara, que eu viva com "o filho da minha culpa" todos os dias? Sem falar no incômodo que traz uma criança, com seus berreiros noites afora?

– Não será o "filho de tua culpa", será o "filho do teu amor". E, depois, mesmo tu me dizes que ele quase não chora. Tomaremos conta dele.

Ele já me olhava exasperado. Não sei de onde tirei a coragem para dizer o que disse, mas fui incisiva:

– Também tenho sofrido com essa situação, que mesmo minha família considera humilhante. Mas nunca te pedi nada tão importante assim. Se não o trouxeres, descubro onde fica, vou até lá, e trago eu mesma a criança. Queres me ver exposta a tal situação?

– Não farias isso, Clara, será possível? Além da noite monstruosa, ter de ver-te com semelhante pedido?

– Não duvides de mim, que nunca te menti. Prometo-te que não o verás quando ele estiver aqui, a menos que queiras. Mas não me faças ir até lá.

Ele deu longo suspiro. Olhou-me um tanto contrariado, mas, vendo a minha decisão inquebrantável, não pôde fazer outra coisa senão ceder.

– Está certo, Clara, buscarei a criança. Mas, não agora, que estou exausto e preciso descansar. Prepara as coisas em teu quarto ou no de Nana, compra o que for necessário, que, como dizes, pode realmente ser filho meu. À tarde, depois que for ao trabalho para tomar determinadas providências, eu o trarei aqui. Mas não me peças nada mais além disso, não sinto pela criança nada em especial.

Apesar de aborrecer-me por vê-lo tão relutante, dei-me por satisfeita. Não sabia o porquê, Júlia, mas sentia-me ligada ao menino. Nana, que me olhava do canto da porta, deu-me um sorriso de aprovação, e me encaminhei para ela, um pouco confusa:

– Do que precisa um bebê, Nana? Que devo comprar para o pobrezinho?

– Bom, dona Clara, acho que sei, vamos nos arrumar e sair. Vou com a senhora e compraremos então o necessário.

Dito isso, saímos apressadas, pois Carlos o traria no fim da tarde. Devo dizer que, se as compras antes não me atraíam muito, nesse dia fiquei feliz com elas. Compramos para o bebê lindo cesto, lençóis e mantas de cama, roupinhas tão delicadas... Como sabia Carlos contrafeito com toda a história, fiz-lhe uma concessão e coloquei o cesto onde a criança dormiria no quarto de Nana, colado à cozinha. O quarto de Nana era amplo e comportou o berço com facilidade. Devo contar-te que Nana amou a ideia, colocamos grossas cortinas nas janelas, pois acreditávamos que bebês recém-nascidos precisassem de escuro e sossego.

Não vi quando Carlos saiu, não estava em casa. Quando chegamos, depois do almoço e cheias de embrulhos, notamos na casa a calma habitual. Eu tinha vontade de telefonar-lhe para lembrá-lo do prometido. Carlos nunca tinha me negado nada, mas eu sabia o quanto aquilo lhe custava. Vendo Nana encolhida e pensativa na porta da cozinha, ocorreu-me que ela estava preocupada demais.

– Que tens, Nana? Parece-me preocupada.

– Estou aqui a pensar no que a senhora sua mãe vai dizer de tudo isso. Ela num vai gostar disso, dona Clara, num vai mesmo.

Suspirei pesadamente. Esse era um problema com o qual não tinha contado. Certamente minha mãe e meu pai não aceitariam a criança de pronto, se é que aceitariam algum dia, não que tua avó fosse má ou pouco caridosa, Júlia, mas acreditava firmemente nas aparências, e acredito que, para ela, o fato de eu trazer para casa o filho da amante de meu marido geraria sem dúvida hostil falatório.

No início de meu casamento, ela achava estranho Carlos sair quase todas as noites, mas vendo que eu não me importava, sossegou. Quando soube de Valerie, me dava grandes e profundos olhares de pena, mas em nenhum momento me disse o que fazer. Não acredito que ela soubesse as bases de nosso casamento, pois em nossa casa éramos só eu, Nana, a arrumadeira e Carlos, e nenhum deles comentaria nossa situação. Depois, Júlia, na época, era comum que casais abastados dormissem em quartos distintos. Acreditava-se que gerava uma maior liberdade para o casal. Como reagiria agora ao pequeno? Acredito que meu pai, apesar de não aprovar, nada diria, pois era machista e acreditava que o dever da mulher era obedecer seriamente ao marido, e, me vendo aceitar o filho de outra, não se intrometeria. Mas minha mãe, sendo tão católica e apegada às tradições... Nana tinha razão, como sempre: a briga ia ser feia.

– Não te preocupes, Nana. Depois que a criança estiver aqui, cuido do resto. Por ora, vamos nos ocupar em receber bem o pequeno que já vem ao mundo em tão triste situação.

Nana então pôs a ferver as mamadeiras de vidro que tínhamos comprado, arejou seu quarto o mais que pôde. Ao nos ver em semelhante trabalho, a arrumadeira, que chamávamos de Cida, estranhou bastante:

– Para quem são essas mamadeiras, dona Clara? Estás grávida?

– Não. Pretendo apenas adotar uma pobre criança que está sem mãe.

Ela não pareceu muito satisfeita, afinal seu trabalho aumentaria. Mas vendo que eu não queria prolongar o assunto, pôs-se a fazer seu serviço, quando voltou-se de um jeito mais animado:

– Precisarás de babá, dona Clara? Tenho uma prima que...

– Não, Cida. Não por enquanto. Mas prometo que se precisar eu te aviso.

Não demorou muito para minha mãe saber das notícias. Nossa arrumadeira era indicada por ela, cuja irmã trabalhava na casa de minha mãe. Óbvio que a novidade era grande demais para não ser contada, de forma que, umas três horas depois, eis minha mãe entrando em minha sala. Notei logo que estava um tanto aborrecida, pois sequer me deu seu beijo costumeiro.

– Que novidades são essas, Clara? Que criança virá para cá?

Corei violentamente. Nunca pensei em demitir empregados, mas aquela Cida podia ter controlado um pouco a língua.

– Eu ia te contar, mamãe. O problema é que só resolvemos isso esta manhã.

– Como assim? Então decidiste uma coisa destas assim, de improviso? Estás maluca, Clara? De quem é essa criança? Onde a conheceste?

Percebi logo que minha mãe intuía que criança era aquela. Achei melhor não mentir.

– Pode ser de Carlos, minha mãe, mas não tenho muita certeza. Aliás, nem ele tem, é difícil explicar.

Minha mãe empalideceu de fúria.

– Não. Não tem nada difícil de explicar. Aquele poltrão está te obrigando a tomar conta do filho que teve com outra! É isso, não é, Clara? Não és obrigada a aceitar, não entendes?

Calei-me. Que diria minha mãe se soubesse que era eu quem havia insistido para que a criança viesse? Não soube o que dizer, e nem ela deu-me tempo, embora soubesse que devia imediatamente sanar o engano, e assim inocentar Carlos. Ela continuou:

– E a mãe? A sem-vergonha abandonou a cria? Nem para isso ela serviu?

– Ela está morta, mamãe. Morreu no parto, ainda esta noite.

Ao saber da notícia, perdoe-me o comentário, Júlia, mas pareceu-me que ela passou do espanto a um certo ar mais sossegado.

– Melhor assim, Clara, pois não irias te livrar de semelhante tipo tão cedo. Mas nem por isso deves acolher a criança, seria um embaraço terrível para todos nós ter o filho de uma rameira convivendo conosco.

Noto agora, Júlia, que o coração dela nem por um minuto se preocupou com o pequeno. Ela acreditava firmemente que eu estava sofrendo uma grande infâmia desde o início do casamento, com as "traições" de Carlos, e que agora ele me obrigava a aceitar o pequeno.

– Minha mãe, acalma-te e senta-te. Não é Carlos que deseja que eu crie o pequeno, sou eu que acredito que devo dar a essa pobre alma um lar, já que ele não possui. Carlos não é o vilão que imaginas, está trazendo a criança a pedido meu. Ele nunca me forçaria a nada, mamãe. Carlos pode ter seus erros, mas respeita-me muito. E eu realmente desejo ter a criança comigo, que ela pode ser filho dele, e não quero que um possível filho de Carlos fique ao relento. A criança não tem culpa.

Ela olhou-me um tanto embasbacada. Nunca esperaria de mim tal atitude, porém, o espanto de que foi tomada logo se traduziu em duras palavras:

– És uma louca, Clara. Não te importas de ter dentro de tua casa o fruto da traição de teu marido? Ainda que a mãe esteja morta, ele vai lembrar-se dela sempre que vir o pequeno. Assim como tu também vais. És assim tão tola? Isso acabaria com qualquer casamento.

Calei-me, como que ponderando suas palavras. Na realidade não acharia ruim se ele se parecesse fisicamente com a mãe, que podia ter tido seus erros, mas era de fato bonita, com aqueles cabelos louros e grandes olhos claros. Mas, se dissesse isso, pioraria tudo, então me calei.

– Deves saber, Clara, que árvore ruim não dá bom fruto. Acolhes agora uma criança que poderá herdar o gênio e a devassidão da mãe. Essas coisas costumam acontecer. E, o que lhe contarás no futuro? Dirás que ele é adotado?

– Não sei, minha mãe, o que vou dizer-lhe quando crescer e fizer as perguntas que as crianças fazem. Mas, no que depender de mim, direi que é meu filho, assim ele não se sentirá tão só. Quanto a herdar o gênio e a devassidão da mãe, isso é futuro,

e o futuro a Deus pertence. Sinto que devo ajudar o pequeno e gostaria que a senhora me ajudasse com isso.

De imediato notei seu queixo elevando-se de orgulho:

– Isso nunca, Clara. Pensa bem, pois enquanto estiveres com este pequeno, aqui não coloco mais os pés. Não vou compartilhar dessa tua histeria. Ganharás um estranho, porém perderás a companhia de tua mãe.

Imensa tristeza travou-me o peito, Júlia. Lágrimas me assomaram aos olhos, e me virei para que ela não as visse. Embora não fôssemos em nada parecidas, amava minha mãe e a admirava imensamente. Durante anos desejei ter sua postura, sua educação e seu comedimento. O que ela me dizia agora me provocava dolorosa angústia. Como poderia pedir-me tal coisa, querida? Ponderei que o comentário que minha atitude provaria em seu círculo social a fazia cometer tal gesto. Engoli em seco, mas disse:

– Sinto imensamente, mamãe. Não me deixas nenhuma escolha.

A batida da porta da sala encerrou nossa discussão. Ao ver-me em lágrimas, Nana me abraçou dizendo:

– Melhor assim, dona Clara. Pelo menos já está tudo esclarecido.

Suspirei, lavei o rosto e pus-me a esperar por Carlos, que logo chegaria com a criança.

Décima primeira mensagem

A chegada de Lúcio

Devia ser perto de seis horas quando Carlos apareceu com o bebê. Vinha de cenho franzido, que a chuva lá fora era forte e o frio intenso. Não posso dizer o que senti quando o vi fechando a porta da rua com os pés, tentando proteger o menino do vento que assoviava ao nosso redor.

Logo quando os vi, meus braços abriram-se para abrigar a criança, que tirei dos dele sem dizer uma palavra. Queria ver o menino de perto. Cheirava o pobrezinho a sabão de coco, e a manta que usava exalava aquele perfume vindo das senhoras dos cabarés. Haviam improvisado umas fraldas, que notei estarem bem molhadas. O pequeno, que vinha quieto até então, abriu seus olhinhos e pude notar neles um castanho parecido com o de Carlos. Não eram azuis como os de sua mãe. Tentando desanuviar o ambiente, disse para Carlos:

– Vês? Os olhos são castanhos, como os teus.

O comentário, ao que parece, foi um tanto infeliz:

– Como os meus e os da maior parte da cidade.

Sentindo que já tinha cumprido com seu dever comigo, ele sacudiu um pouco a chuva que tinha na lapela, colocou novamente seu chapéu e me disse:

– Isso agora é problema teu. Vou sair que tenho negócios a tratar.

Dito isso, deu meia-volta e se foi para a porta. Detive-me para observar melhor o menino, despindo-o de sua manta e pedindo a Nana que trouxesse o que havíamos comprado. Era magrinho o menino, pequeno demais também, mas parecia-me perfeito, com as pequenas e frágeis mãos agitando-se no espaço. Olhava-me compenetrado, como se quisesse saber quem era aquela que agora o segurava novamente. Tinha o pescoço mole, como depois Nana explicou-me, como eram os dos recém-nascidos, e não se pode dizer que fosse bonito.

Nana aproximou-se com as roupinhas, pegou-o de meus braços e disse, com sua sem-cerimônia de sempre:

– Mas que bichinho miúdo, dona Clara. Num sei se isso vai vingar não, é magro demais, e nem chora.

– Cuidaremos dele, Nana. É certo que ele realmente não é nenhuma beleza, mas temos de notar que ele apenas acabou de nascer. Com o tempo há de se tornar um formoso rapazinho.

De repente dei-me conta de meu gesto. Ali estava um ser vivo que eu havia assumido para cuidar e proteger. Um leve calor se espalhou em meu peito.

– Como vamos chamá-lo, dona Clara?

Suave voz se pronunciou ao me ouvido:

"*Lúcio. O nome dele é Lúcio, pois com ele te aproximas da luz*".

Sorri para Nana e disse:

– Vai se chamar Lúcio. Está bem assim, Nana?

– E Lúcio é nome cristão?

– Não sei, mas é Lúcio e acabou-se. Gostaste?

Ela tornou a olhar o rostinho do pequeno:

– Sim, está certo. Ele tem mesmo jeito de Lúcio.

Dei uma pequena gargalhada tentando entender o que significaria para Nana "jeito de Lúcio".

Quando tiveres filhos, Júlia, notarás a diferença entre uma casa com criança e outra sem. Parece-me incrível o movimento que elas imprimem às menores coisas. Passamos por agruras com ele nos primeiros dias, que logo apresentou violenta febre e dificuldade de respirar. Causava-me imensa preocupação, pois via com desespero a moleira no alto de sua cabeça afundar-se. Desdobramo-nos em cuidados, Nana e eu. Cida olhava o pequeno com curiosidade, mas tinha tanto serviço que não se interessou por ele.

Nosso pequeno Lúcio sofreu muito em seus primeiros dias, recusando a mamadeira que colocávamos em seus pequenos lábios. Mas, um belo dia, quando fui para sua cesta verificar sua temperatura, deparei com ele dormindo um sono tranquilo, e depois gritar incessantemente pela mamadeira. Ficamos muito felizes, pois acreditávamos que o perderíamos para a febre.

Nossa Nana apegou-se a ele aos poucos, ao contrário de mim, por quem tive instantânea paixão. Carlos, que antes era mimado por nós, sentiu-se um tanto relegado a segundo plano com a chegada do pequeno. Isso o deixou ainda mais mal-humorado. De início preocupei-me um pouco, mas depois, sabendo-o um pouco mais acalmado, relaxei.

Linda foi a cena que presenciei sem que ele me visse. Como Nana estava exausta com o pequeno, que trocava o dia pela noite, ofereci-me para ficar com ele em meu quarto. Carlos havia saído como de costume, logo, não tive receio de levá-lo para lá. A única coisa que me preocupava, era caso ele chorasse, com cólicas ou coisa parecida. Carlos não gostaria de ouvir seus gritos. Assim, coloquei-o em minha cama e ele, aconchegado ao calor de meu corpo, adormeceu. Com muito cuidado, para que ele não acordasse, coloquei-o em seu cestinho, e qual não foi minha surpresa quando notei, altas horas da noite, Carlos entrar pé ante pé no meu quarto. Com o medo que tinha que ralhasse comigo, fingi dormir, e ele se encaminhou para o pequeno cesto para olhar o bebê.

Incrível, Júlia, foi a expressão de teu pai. Primeiro o olhou demoradamente tentando como descobrir no pequeno algum traço seu. Levantou a sobrancelha como se examinasse então alguma obra de arte em que ele pudesse checar a autenticidade. O bebê moveu-se um pouquinho em seu cesto, e foi quando vi Carlos enfim abrir seu primeiro sorriso para ele. Colocou-o no colo para observá-lo mais de perto e caminhou alguns passos pelo quarto. Ao notar-me acordada, me chamou com um aceno de mão, e levantei-me em silêncio, chegando-me aos dois.

Coisa estranha então aconteceu, Júlia. Como se Lúcio notasse algo, coisa que não acredito, forneceu-nos grande prova de sua identidade: abriu os grandes olhos castanhos, olhou-o seriamente e fez um gesto típico de Carlos, erguendo apenas uma sobrancelha como se o examinasse também.

Vendo os dois assim, no mesmo idêntico gesto, a custo contive uma exclamação. O menino era realmente parecido com ele, e cabelos alourados começavam a nascer em sua cabecinha. Carlos assustou-se, depois sorriu.

– É parecido contigo, Carlos. Não só no físico, mas em gestos também.

Olhou-me um tanto contrariado, mas voltou seu rosto para Lúcio e deu leve sorriso.

– Pode ser, Clara, tudo pode ser.

Ao se ver assim emocionado, colocou Lúcio em meu colo e saiu do quarto sem nem mais uma palavra. E fiquei pensando na magia que os pequenos possuem, quando apenas com um olhar conseguem nos pagar tudo o que fazemos por eles. Sentia que ainda teria uma longa batalha para Carlos reconhecer seu filho, mas, agora, já sentia uma pequena ponta de esperança.

O fato é, Júlia, que com o passar do tempo Carlos parou de implicar com o pequeno. E ele enchia meus dias, antes vazios e apáticos, transformando-os em rotina por vezes cansativa, mas sempre gratificante. Vida é trabalho, querida, uma vida passada em eterna acomodação é oportunidade perdida, e grande caminho para a vaidade e o desespero. Pude observar isso de perto na Terra, ao notar as esposas de colegas de Carlos, sempre ocupadas apenas em servir a elas mesmas.

Que vida triste levavam a falar sobre simples coisas cotidianas, transformando em grandes problemas coisas insignificantes como a falta de uma empregada. Passavam seus dias a fazer compras e frequentar costureiras, buscando achar nessas atividades algo que as dignificasse. Era comum, Júlia, em minha época, elas aceitarem os maridos com as amantes fora de casa. Faziam vista grossa e não se intrometiam. O único "senão" que havia é quando apareciam os filhos. A lei de nosso país permitia que os pequenos "filhos do pecado" se mantivessem no anonimato, muitas vezes sem nenhuma assistência.

Logo, é comum imaginar o grande número de abortos feitos, principalmente por parteiras, que "aliviavam o fardo" tanto das moças de bordéis como das "moças de família" que, por acaso, caíssem em tentação. Não era raro também morrer alguma, devido a hemorragias como a que levou Valerie.

Essas histórias, antes escondidas de mim, me foram contadas muitas vezes por senhoras de meu nível social. Uma inclusive havia despedido a empregada que se atrevera a ficar grávida sem se casar. Calei-me de pena da moça, imaginando como ela se havia arranjado.

Parte dessas senhoras, no entanto, buscava passar o seu tempo em coisa muito mais enobrecedora: obras de caridade. Fui a algumas dessas reuniões, Júlia, mas devo dizer que tudo me pareceu bastante superficial. O trabalho das senhoras consistia apenas em conseguir dinheiro com o marido ou os pais para doá-lo às freiras ou às paróquias. Quando uma conseguia por vez grande quantia, garantia para si uma superioridade relativa, o que fazia com que as outras senhoras se sentissem diminuídas ou impelidas a arranjar quantias cada vez maiores.

Como eu morria de vergonha de pedir qualquer coisa a Carlos ou a meu pai, perguntei se não podia ajudar de outra forma.

– De que forma? - perguntaram-me.

Disse então que gostaria de lecionar ou ajudar de qualquer outro jeito, nem que fosse cozinhando, nos orfanatos e asilos.

Tal ideia não encontrou nelas nenhuma simpatia. Ao invés disso, olharam-me com condescendência e me disseram:

– Minha querida Clara, para isso existem os padres e as freiras. Não posso imaginar uma moça de sociedade, como tu, vivendo no meio de pessoas desse tipo. Não nasceste para isso, Clara. Teu lugar é conosco angariando fundos.

Fiquei bastante decepcionada, mas retirei-me do lugar o quanto antes. Uma das vantagens que tive ao adotar Lúcio foi de que fui simplesmente banida por essas pobres mulheres, que temiam ter de seguir meu exemplo, gerando assim situações bastante constrangedoras. Fui subitamente excluída de todas as festas e reuniões. Não posso nem dizer que isso me desagradou, Júlia, já que eu comparecia muito mais por Carlos do que por mim.

Com o passar dos anos, o bebê tornou-se um garotinho muito vivo e ainda bastante parecido com Carlos. Ele não tinha permissão de aparecer na sala enquanto Carlos estivesse em casa, mas, fora isso, era uma alegria escutar seus passinhos ecoando pela casa. Nunca me chamou de "mamãe" nem eu insistia nisso. Vendo todos me chamarem de Clara, chamava-me assim também, e sempre que descobria alguma novidade no jardim, corria pra dentro de casa com as mãozinhas sujas de terra e tentava me levar a todo custo para o jardim.

Como era seu lugar preferido, nas manhãs de sol eu me sentava em grande espreguiçadeira, tendo ao alcance de minhas mãos meus adorados livros. Lúcio não era inquieto, era bastante meigo e até um pouquinho tímido. Tinha também alguns problemas de saúde que faziam com que o médico da família frequentemente nos visitasse. Numa dessas visitas, o estimado doutor me segredou que Lúcio tinha os pulmões fracos.

Devia ser verdade, dada a frequência com que ele gripava, sempre de narizinho escorrendo, e Nana e eu atrás dele com nossos lenços de algodão. Isso ficou tão comum que acabamos fazendo bolsos em seus calções para que levasse consigo um pequeno lencinho, que usava sempre.

Embora fosse de gênio doce, reparei logo também que tudo em Lúcio era tardio. Demorou para firmar as perninhas e dar os primeiros passos; demorou a falar, a ter dentição. Nana explicava-me que era devido ao fato de ter sido prematuro, mas eu sentia algo meio errado. Quando eu lhe contava os contos de fada de que tanto gostava, ele me fazia diversas vezes as mesmas perguntas, como se tivesse grande dificuldade de gravar fatos. Perguntei-me se a gravidez conturbada da mãe, viciada em fortes

drogas, não teria influenciado nisso. Mas, toda vez que o via em alguma dificuldade, mais o meu coração tentava ajudá-lo. Sabia que a vida não seria fácil para Lúcio, que sequer tinha registro, e sabia que ele não conseguiria, como as outras crianças, ter a sua independência.

Caminhávamos para o ano de 1933, e Lúcio fez seus quatro anos. Carlos, se não se mostrava interessado, também nada negava financeiramente ao pequeno. Sempre me perguntava se o dinheiro estava dando, se eu não precisava de nada mais; de resto, suas noitadas continuavam como sempre, e já se via nele agora a famosa "barriguinha" dos boêmios.

A única coisa que me incomodava era ficar sem minha mãe. Embora nunca tivéssemos muita proximidade, eu a amava muito e sentia sua falta. Nana consolava-me, dizia que o tempo tudo cura.

Lúcio era doce e olhava-me com encantamento. Em tudo de mim se aproximava, buscando sempre minhas palavras e afagos. Embora dormisse agora em cama no quarto de Nana, de vez em quando subia ao meu quarto e se colocava entre as cobertas. Estava eu uma vez a contar-lhe os contos de fadas costumeiros quando ele me perguntou como eram as fadas. Usando minha imaginação, respondi:

– Ah, Lúcio. São muito lindas, graciosas, e estão sempre por perto protegendo e ajudando a todos.

Ele me olhou um tanto assustado e me perguntou:

– Tu és fada, Clara?

Ri bastante da pergunta, que por sinal me lisonjeou. Expliquei que fadas eram mágicas, e que eu, pobre de mim, não tinha mágica nenhuma.

Ele não se conformou facilmente e, acreditando-me fada, observou argutamente:

– Vai ver que escondes tua mágica...

Mandei-o para sua cama com um sorriso e pus-me a pensar na leveza das crianças, para quem o mágico é real, Júlia, e o real meio insatisfatório. Muitas vezes aqui venho me perguntando se isso não será lembrança do lado de cá, em que tudo brilha e parece mágico também.

Levantei-me da cama e fui até o espelho de minha cômoda. Olhei meu reflexo e fiquei pensando na força que o amor possui. Via ali uma mulher de seus vinte e poucos anos, imensos olhos, rosto comum, e longos cabelos negros indo pelo meio das costas, que eu amarrava em tranças. Fada... só mesmo o amor de um menino para assim me considerar.

Décima segunda mensagem

Criança pela casa

Carlos, embora não reclamasse de Lúcio, também não o acolhia. Como sabia que não tinha paciência com crianças, sempre que ele entrava pela porta da sala, eu levava o menino para a cozinha. Não demorou muito para que Lúcio entendesse que devia se manter afastado do pai, a quem chamava de "seu Carlos". Logo que ele ouvia o barulho dos passos dele, ia para junto de Nana.

Nos seus quatro anos, apesar da saúde precária, Lúcio era bem ativo, e foi Nana quem reparou como ele olhava para a rua da janela da cozinha. Nisso, foi ela procurar-me na sala:

– Dona Clara, queria fazer um pedido.

Olhei-a surpresa, pois Nana nunca me pedia nada.

– Será que eu não poderia levar o menino para passear pela praia?

Lembrei-me imediatamente dos meus adorados passeios da infância, quando essa mesma Nana me carregava em suas mãos fortes. E percebi que Lúcio realmente não saía de casa. Carlos tinha me pedido que não saísse com ele em público; logo, como sabia que ele já estava fazendo concessões, obedeci. Mas, de fato, nada tinha dito sobre Nana.

– Ótima ideia, Nana. Mas cuida que ele não se resfrie. Tu sabes como os pulmões dele são.

Ela me olhou como se eu estivesse falando algo completamente desnecessário. E, de fato, era. Nana jamais permitiria que o menino adoecesse. Peguei Lúcio e fui dar-lhe um longo banho, e contei-lhe a novidade.

– Lúcio, hoje Nana vai passear contigo e vais conhecer o mar.

Ele, que já conhecia o mar por gravuras, encheu-me de todo tipo de perguntas. Coloquei nele a roupinha que tinha comprado no último Natal, e quando terminei de arrumá-lo não pude deixar de olhá-lo admirada: estava ficando um rapazinho o meu bebê.

Nana já nos esperava na sala, muito bem munida de uma cesta com lanches, vários agasalhos - "que o clima pode mudar, dona Clara, nunca se sabe..." - e seu imenso guarda-chuva. Admirei-me de notar tal aparato, mas nada disse. Segurando Lúcio firmemente pelas mãos, saiu porta afora decidida e feliz.

Vendo-me só na casa, fui para a minha máquina de costura, que tinha comprado mesmo contra a vontade de Carlos, que sempre me advertia de que podíamos perfeitamente pagar uma modista, e que considerava costurar uma atividade muito pouco elegante. Só que era o meu passatempo preferido, junto com os meus adorados livros. E, depois, acabava fazendo de fato alguma economia, costurando as roupinhas para Lúcio, cortinas e colchas de que Nana tanto gostava.

Haviam se passado quase duas horas quando notei os passos dos dois na entrada. O quadro que se apresentou foi digno de graça, Júlia. Tua boa Nana estava bastante afogueada, e, ouso dizer, até um pouquinho descabelada. Entrou com toda a sua bagagem e gritou para Lúcio:

– Já para a cozinha que temos de tirar essa areia toda.

Lúcio, corado e feliz, correu para a cozinha, mas não sem antes me contar as novidades. Enquanto ele falava, eu observava Nana de "rabo de olho", até que ela mesma me contou da aventura:

– Esse menino é um peralta, dona Clara. Quase me deixa maluca, primeiro quando chegamos, encheu-me de perguntas sobre o tamanho do mar, onde é que ele acabava, depois quis de toda forma entrar na água. Imagine, dona Clara, queria entrar e estragar a roupinha de sair, depois, não satisfeito, inventou de rolar na areia!

Não pude deixar de achar graça, mesmo ante a expressão carrancuda dela.

– Mas, Nana, criança é assim mesmo. Acreditou que ele fosse ficar quieto, mesmo quando aqui em casa não para um instante?

– Peralta, isso sim, muito peralta.

Notei, no entanto, que ela tinha gostado bastante do passeio. Custou-me dar conta, mas havia realmente alguns anos que nem eu, nem Nana passeávamos mais. Com a mudança de nossa vida e o afastamento de minha mãe, que sempre foi muito amiga dos passeios, acabei me acostumando a ficar em casa, e a rotina tomou conta de nós.

Lúcio naquela noite dormiu logo, exausto da aventura. Eu já estava quase que esquecida desse assunto, quando Nana voltou à carga:

– Dona Clara, está passando um filme interessante no cinema. Posso levar o menino?

Concordei imediatamente. Nana, com sua simplicidade, estava fazendo da vida antes insossa de Lúcio agora mais divertida. A única dúvida que tinha seria do comportamento dele no cinema. Mesmo assim, arranjei rapidamente alguns trocados e enviei os dois no domingo à tarde para ver a matinê.

Saíram felizes justamente na hora do sono da tarde de Carlos, com Lúcio cheio de curiosidade. Ao voltar do cinema e notar meu olhar, questionando o comportamento dele, Nana me contou.

– Pois comportou-se lindamente, dona Clara. Coloquei em seu colo algumas balas, e ele passou o filme inteiro com os olhos grudados na tela. Riu de se acabar com a fita, e não me atrapalhou por nem um instante.

A partir daí, todos os domingos foram ao cinema.

Nunca me arrependi de ter acolhido Lúcio, Júlia. Ele iluminava a casa e a minha vida, antes tão inútil, e agora com um novo significado. Preocupava-me, é claro, com o futuro dele, afinal, nem registro tinha o meu menino. Com o tempo, eu pensava, conseguiria convencer Carlos a registrá-lo. As coisas pareciam até estar se ajeitando, quando tudo aconteceu.

Ia Nana levar o pequeno para outro passeio na praia, de que os dois tanto gostavam. O dia estava lindo, céu muito azul, embora um tanto abafado, como todas as tardes de verão. Arrumei o meu pequeno como sempre, e lá estava Nana à nossa espera, na sala, com o seu aparato de sempre e o seu grande guarda-chuva. Pensando já numa colcha que estava fazendo, despedi-me dos dois.

Havia passado apenas uma hora e meia, quando observei com espanto a porta batendo com o vento. Levantei-me e fui espiar pela janela da sala, e o que vi me tirou a respiração: o tempo antes muito calmo, agora se apresentava com pesadas nuvens cor de chumbo, e já se viam ao longe os raios em profusão. A chuva veio com a fúria das tempestades de verão, levantando do chão os papéis pardos de embrulhos e fazendo com que os passantes tentassem de toda forma se proteger.

Nunca, Júlia, havia presenciado um vento como aquele. Chegava a empurrar as pessoas que se apoiavam nas paredes das casas e dos muros. Meu coração se apertou, quando no meio de toda aquela água eu buscava ver a imagem de meus dois queridos. Não demorou muito e vi dois vultos lutando com dificuldade na tempestade. Identifiquei logo Nana, com o guarda-chuva do avesso, lutando para manter Lúcio junto de si, cujos cabelos voavam em volta do rosto. Nana deixou de lado o cesto, o guarda-chuva já inútil, e carregou Lúcio no colo, conseguindo dessa forma entrar aflita pela porta da sala.

Amparei os dois buscando toalhas de banho para colocar sobre eles. Nana parecia bem, mas o meu menino tinha os lábios roxos e parecia pálido demais. Providenciamos logo um banho quente e o colocamos na cama. Pobre Nana, se sentia mortificada.

– O tempo virou, dona Clara...

Insisti que ela não tinha nenhuma culpa, e que essas coisas realmente aconteciam. Fui buscar para Lúcio um leite quente com canela, e só então me dei conta de que Nana ainda estava bastante molhada. Ralhei com ela para que fosse trocar suas roupas o quanto antes, que já me bastava um doente.

Só Deus sabe, Júlia, como passamos por aquela noite. Carlos, alheio a tudo, tinha ficado em casa de amigos, e eu e Nana nos encontrávamos sós com Lúcio. Vendo-o tão pálido, mas já um pouco aquecido, me tranquilizei um pouco mais. Não queria saber do leite, o meu menino, e parecia exausto. Adormeceu em minha cama, agarrando a minha mão, e eu, vendo-o calmo e aquecido adormeci também.

Sempre acreditei que as crianças tinham anjos da guarda, Júlia. Acredito que foi esse anjo que me acordou no meio da noite e me fez passar a mão pela cabecinha dele, que ardia em febre altíssima. Em seguida vieram as convulsões, deixando-me apavorada. Corri escada abaixo a gritar por Nana, pois não sabia o que fazer, e subimos as duas correndo as escadas do sobrado, enquanto ele se debatia involuntariamente. Nunca antes tinha assistido a uma convulsão. Nana, que ainda estava meio adormecida, identificou logo o problema e colocou algo na boca dele para que mordesse. Vendo-me assustada, explicou:

– Num quero que ele morda a língua, dona Clara. Se a gente não fizer isso ele pode morrer sufocado.

Abraçadas a ele esperamos que a convulsão passasse. O vento ainda uivava lá fora, e eu já me perguntava quando aquela noite ia ter fim. Passada a convulsão, ele desmaiou em nossos braços. Vendo a febre insistente e feroz, Nana não pensou duas vezes e preparou uma tina com água fria, explicando-me que aquilo baixaria a febre. Olhei assustada, pois estava frio, mas o medo que as convulsões começassem me fez ceder, e colocamos Lúcio na água, e nem assim ele acordou.

O dia amanheceu lentamente, e a tempestade já tinha feito seu estrago quando os primeiros raios de sol iluminaram meu quarto. Ouvimos passos subindo a escada e Carlos, vendo minha porta aberta, entrou em meu quarto. Seu primeiro olhar foi de susto, dada a desarrumação do cômodo, mas, quando me viu muito pálida, junto com Nana e o menino em minha larga cama, preocupou-se:

– Que houve, Clara? Ele não está bem?

Vendo sua preocupação genuína, pedi que corresse e chamasse o médico, já tão nosso amigo, para socorrer a Lúcio. Expliquei-lhe da mudança de tempo e da tempestade pela qual

ele e Nana haviam passado. Ele levantou-se rápido, foi ao telefone chamar o médico, indo em seguida à casa dele para buscá-lo. Era perto de seis horas da manhã, quando o bom doutor entrou pelo meu quarto.

De pronto ele examinou o menino, que respirava com ruidosa dificuldade e tinha os lábios bastante secos. A febre, que ele já julgou altíssima, tinha abaixado um pouco depois do banho de Nana. Virando-o de bruços, escutou seus pequenos pulmões. Deu-me então um olhar consternado.

– Acredito que seja uma pneumonia dupla, dona Clara, mas não vamos perder as esperanças.

Duvidei quando ele me disse tal coisa, que apenas uma chuva forte não poderia deixá-lo assim. Ao que ele me explicou que Lúcio já havia nascido com grave deficiência em seu sistema respiratório, e que, embora raro, com ele era perfeitamente possível. Perguntei-lhe se deveríamos levá-lo ao hospital, ao que ele me explicou:

– Aqui o menino pode ser tão bem tratado quanto lá; administraremos a medicação e, depois, frágil como ele está, temo que no hospital, em companhia de outros doentes, possa contrair mais alguma infecção.

Pensar nele com mais algum problema me fez rapidamente concordar com o médico. Ficaria ali, e cuidaríamos dele. Vendo-me em tal estado de desolação, doutor Estevão foi de imensa bondade comigo:

– Não te sintas assim, dona Clara. Conheço bem tua história, como a deste menino. Desde que ele veio para tua casa nunca esperei que ele resistisse tanto tempo, já nasceu comprometido com graves problemas. Nunca te sintas culpada por nada, que teu exemplo, apesar de ter escandalizado algumas pessoas, foi de uma pessoa com um enorme coração. Enquanto outras mulheres fariam de tudo para atormentar seus maridos quanto à criança, a senhora a acolheu e tem mostrado por ela tamanho desvelo.

Mas nada do que ele dissesse, apesar de sua enorme bondade demonstrada em seus olhos claros, me aplacou a forte dor que eu sentia ao vê-lo assim, prostrado na cama.

Os tratamentos pouco adiantaram, Júlia. Dia após dia eu o via mais fraco e, no entanto, a não ser quando entrava em desespero ruidoso para sugar o ar, seu semblante era calmo. É preciso dizer que Carlos, ao vê-lo assim, ficou comigo algumas horas em sua cabeceira, olhando para o pequeno menino que lutava pela vida. Nessas horas permanecíamos calados, e ele me via rezar insistentemente. Por muitas vezes procurou me convencer a deixá-lo no quarto de Nana e descansar um pouco. Mas, como descansar vendo-o naquele sofrimento? Revezava-me com Nana, à cabeceira de Lúcio.

Na manhã do quinto dia, de febres e convulsões, ele abriu os olhos lentamente e, vendo-me ali, do lado dele, sorriu fracamente.

– Estou doente, Clara?

A primeira pergunta depois de muitos dias de silêncio encheu os meus olhos de lágrimas.

– Um pouquinho, mas já vais melhorar. Sentes dor?

A cabecinha moveu-se afirmativamente. De repente ele olhou para a porta do quarto e sorriu. Achando que alguém tinha entrado, virei-me depressa para a porta, mas não vi ninguém lá.

– Vês, Clara, a menina?

Não, não via nenhuma menina. Pensei logo tratar-se do delírio da febre, que fazia com que as pessoas vissem coisas que não existiam. Mas não quis contradizê-lo:

– Sim, meu bem. Mas não a escuto. O que ela diz?

Ele continuava sorrindo, seu semblante se iluminando. Tinha grande dificuldade de falar, mas entre as arfadas de ar que entravam com dificuldade em seus pulmões, me respondeu:

– Diz que vai me levar pra passear.

Olhando-me entre a ternura e a dor, sorriu novamente de leve para mim e, então, adormeceu num pesado sono, em que a respiração entrecortada me dilacerava o peito. Pressentindo algo ruim, gritei a Nana que chamasse o doutor Estevão, enquanto eu ficava com Lúcio no quarto. Saiu a minha querida desesperada pelas ruas, enquanto eu o via cada vez mais pálido, os lábios já se quebrando de tão secos. Doutor Estevão chegou em poucos minutos que me pareceram horas. Examinando-o, segurou em minhas mãos, dizendo-me:

– É chegada a hora dele, dona Clara. Ele se encontra em uma situação a que chamamos de coma. Apavorada com a respiração dele cada vez pior, perguntei:

– Ele está com muita dor ainda, doutor?

Ele sorriu triste:

– Não. Não mais...

Nana, da porta, tudo escutava. Fui até ela com um grande abraço e trouxe-a para perto de Lúcio. Com sua experiência, ela já sabia o que estava acontecendo e chorava copiosas lágrimas que caíam pelo seu rosto negro.

E passados mais trinta e poucos minutos, nosso amado Lúcio partiu.

Décima terceira mensagem

A vida continua

Impossível contar, Júlia, o que senti então. Como somos mal preparados para esse tipo de despedida... Como que anestesiada, tomei as providências para o enterro, arrumei meu pequeno sem flores no caixão de madeira que Carlos comprou. Eu o via compungido, roído de remorsos e triste. A notícia correu rapidamente pela rua, e alguns curiosos apareceram para velar o menino. O médico preparava o atestado de óbito, mas lhe pedi que não fizesse tal coisa – já que meu Lúcio nunca tinha tido registro em vida, não queria registrar sua morte.

O padre adentrou a casa, acompanhado de minha mãe, a quem eu não via por pelo menos quatro anos. Espantei-me de vê-la. Com ela chegaram algumas de suas amigas, e Nana olhou desconfiada para aquilo tudo, sem entender o que aquelas senhoras desejariam, vendo o nosso pequeno da forma em que ele estava.

Rompi em silencioso choro, pois entendi que, agora que o "motivo" de nosso afastamento se fora, elas me queriam de volta novamente. Não conseguia fitá-las nos olhos, e foi quando me senti ainda mais só, Júlia.

Subi ao meu quarto e Nana me acompanhou. Senti-me mais do que nunca próxima a ela, apenas nós duas sabíamos o que seria da casa sem Lúcio. Alegando forte dor de cabeça, disse a ela que não iria ao enterro, não suportaria tudo aquilo, ainda mais cercada de gente que nunca tinha entendido o meu amor pelo menino. Carlos entrou, preocupado comigo, e eu lhe contei de minha decisão. Ele assentiu com a cabeça e retirou-se de ombros baixos, dizendo que eu não me preocupasse mais, que ele cuidaria do resto.

Pedi a ele apenas uma coisa: queria em cima da sepultura de meu menino um anjinho criança e uma fada.

– Clara, o anjo eu sei que consigo, mas não sei se o padre aprovará a fada. Já estranhou bastante o menino não ser batizado...

– Não quero que ele se sinta só lá, Carlos, e Lúcio adorava os anjos e as fadas das histórias.

Não tive coragem de contar a ele que o menino me acreditava fada, e por isso eu a desejava lá. Temi parecer vaidosa, mas a única coisa que me importava era acreditar que ele teria algo como uma imagem minha por perto.

– Não te preocupes e descansa Clara. Tudo o que me pediste será arranjado, com ou sem o consentimento do padre.

Deitei-me em minha cama pensando que apenas algumas horas antes ele tinha estava ali, vivo. Sufocando a dor e abatida pelo cansaço das noites em claro em sua cabeceira, adormeci finalmente.

Singular sonho veio a mim nessa noite de dor, Júlia. Sonhei que estava em campo aberto, cercada de pequenas margaridas; nesse sonho via-me rodeada de crianças, que corriam até mim. Olhei para as crianças me sentindo muito feliz por estar envolta em toda essa beleza, quando vislumbrei, ao longe, meu Lúcio, feliz e rodeado pelas outras crianças. Ouvi então suave voz em meus ouvidos que me diziam:

"*Sossega, Clara, tudo tem um sentido. Não acredites que Deus em sua bondade a privaria de seu menino, e ele agora está ainda mais feliz do que estava aí. Tudo tem um propósito, Clara, enxuga as lágrimas, e vê como ele está melhor aqui. Ainda se verão muitas vezes, nós te asseguramos*".

Assustada, acordei no meio da noite, imaginando se tudo aquilo não tinha sido uma ilusão. Mas a sensação de paz era imensa, e tive de concordar que talvez na Terra ele sofresse demais, vítima, sem perceber, de tantos preconceitos sociais.

Agora que aqui me encontro começo a compreender melhor a bondade do Senhor. A morte dos pequenos parece-nos sempre tão sem sentido. Já me explicaram que cada caso é um caso e que para esse tipo de acontecimento não existe uma regra geral. Mas o caso de Lúcio foi-me explicado em particular, por ele mesmo.

Explico-te melhor, Júlia. Logo que aqui cheguei, recebi muitas vezes a visita de um senhor mais ou menos de minha idade, com um olhar cheio de luz, que parecia se interessar bastante pelos meus progressos. Sentindo por ele afinidade imediata, firmamos desde cedo boa amizade e franco entendimento. Perguntei se já não o havia conhecido antes. Ele sorriu bastante misterioso e me disse:

– Não te lembras, Clara, de quem sou?

Por mais que eu olhasse e o achasse familiar, o nome não me vinha à cabeça. Mesmo porque aqui ele se chamava Marcos, e eu nunca tinha conhecido ninguém com esse nome.

– És de minha recente existência? Lembro-me apenas desta e não consigo me recordar de ti.

Profundo olhar cheio de amor me calou, e ele tomou minhas mãos nas suas:

– Em minha última vida na Terra, Clara, foste para mim o anjo que me amparou. Não me reconheces agora, pois desde que retornei optei pela minha aparência anterior, como Marcos. Em tua encarnação na Terra foste a minha fada, e eu fui o teu Lúcio, que sem ti, não conseguiria realizar o que se propôs, pois não sobreviveria.

Vendo meu espanto diante das revelações, Marcos sorriu de forma triste e continuou a me explicar:

– Vivemos juntos já em muitas outras encarnações, mas tu sempre enxergaste a verdade da forma mais clara. Eu era extremamente vaidoso e ligado ao dinheiro, e tu, minha Clara, foste sempre o anjo de minhas existências. Enquanto eu me apegava ao lado mundano da vida, tu te apegavas a Deus desde muito cedo. Meu amor por ti vem de séculos. Sabendo que nossa passagem pela Terra desta vez seria curta, e que logo voltaríamos à colônia em que estamos, decidimos reencarnar dessa forma em nossa nova experiência.

– Mas, por que, Lúcio, desencarnaste tão cedo?

O olhar dele vagueou lindamente, como se buscasse dentro de si épocas passadas:

– Como Marcos, fui teu marido e companheiro. Tínhamos um pelo outro imensa paixão, mas minha ambição fazia-me fraco, assim como meus vícios. Te fiz sofrer muito, Clara, um dia te lembrarás. Minha existência na Terra, em seguida, deveria ser de curta duração e limitação mental, visto que fui um suicida. Deveria resgatar os anos que eu mesmo tirei e resgatar também o mau uso de minha inteligência. A alma era inteligente, mas o corpo do pobre Lúcio não conseguia expressar inteligência. Sabendo de antemão da dura prova, só fiz um pequeno pedido: reencarnar perto de ti.

– E por que te mataste?

— Porque o vício do jogo consumiu a fortuna que possuíamos e eu não podia encará-la mais. Fui covarde e tolo, e deixei-a em dificuldades imensas quando me fui. Vaguei por longos anos em árida terra de destruição, eu te vi amparada por outras pessoas e assisti a teu segundo casamento louco de ciúmes. Mas sabia que teu coração era meu e não conseguia me perdoar. Só quando desencarnaste consegui segui-la, e assim achar a luz.

Enquanto ele se lembrava de sua triste história, notei, Júlia, que aos poucos eu ia me recordando também. Dei-lhe então forte abraço e só então pude compreender por que o amor entre dois seres não tinha feito parte de minha vida. Meu amor esteve comigo durante quatro anos na Terra e me amparou sempre do lado de cá. Entendi também a imensa ligação que sentia pelo filho de Valerie, trazendo-o a meu amparo tão logo pude, contra tudo e todos.

Fiquei pensando em quantas pessoas podem estar se sentindo só como me senti na Terra, apesar do carinho de Carlos e do amor de Nana. Sentia-me só, já que o meu amor aqui estava e fez a mim lá apenas curta visita.

Marcos tem sido aqui o meu querido companheiro. Lembro-me muito dele ainda como Lúcio e recordo com um sorriso o amor que sempre nos uniu, ainda que de diferentes formas. Ao lado dele encontro uma paz, que só é perturbada pela falta que me fazes. Ele aqui, antes de voltar à Terra, e agora, trabalha com as crianças que permanecem crianças, até que possam ter sua nova chance de encarnação. Por isso foram buscá-lo em seu desencarne como Lúcio — e por isso a menina que ele via no quarto antes de partir.

A lição que tiro disso, Júlia, é de que o amor que doamos, por maiores que sejam os preconceitos de época, nunca fica em vão. Trabalho aqui com ele, com as crianças e os velhos, esses bem

mais difíceis, uma vez que às vezes chegam em terrível estado de confusão. Damos sempre grandes risadas quando visitamos a Terra e em algum funeral ouvimos alguém dizer que a pessoa foi para o "descanso eterno". Aqui, a vida é trabalho, e trabalho de acordo com a vontade do Senhor, que tanto nos ama e tão pouco nos julga. Quem desencarna pensando em descanso eterno com certeza verá que não é bem assim que as coisas funcionam.

A explicação de meu desencarne ainda tão nova foi simples e clara, como o meu nome: minha missão lá estava cumprida, e muito me aguardava aqui em termos de trabalho. Vendo Marcos agora entendo que nossa separação já havia sido muito longa. Apesar de ele ainda carregar remorsos pelo seu passado, já entende que estava em fase de evolução, e tem compensado isso com estudos e trabalho sério. É de dar gosto ver o apego que sente por suas crianças, e vê-lo aqui contando a elas lindas histórias ao entardecer emocionam o meu coração. Não te lastimes nunca pela minha morte, querida; tirando a nossa separação, neste mundo aqui estou feliz como nunca fui antes.

De Valerie temos ainda poucas notícias. Permanece agarrada ao plano terrestre e tenta sempre que pode influenciar teu pai. Fui vê-la junto com Marcos que, apesar de tudo, dedicava afeição a ela. A beleza de outrora estava esquecida e os vícios a tinham dominado com sofreguidão; quando nos viu, disse uma série de impropérios e fugiu. Evite, Júlia, se possível, na Terra, lugares onde impera a devassidão. O número de desencarnados em busca de prazeres fáceis, lá, pode ser inclusive maior do que o de encarnados. Todos eles terão seu lugar aqui, mais cedo ou mais tarde, assim que perdoarem as ofensas sofridas e abrirem o coração.

Décima quarta mensagem

Antigos remorsos e novos planos

Depois do sonho que tive, senti de alguma forma o meu coração apaziguado, o que foi bom, pois o de Nana estava aos pedaços. E Carlos, que já estava se tornando arredio, tornou-se então cada vez mais taciturno. Via-o cada vez menos, parecia-me então bastante atormentado ou pelos remorsos, ou pela bebida. Certo dia, esperando que chegasse em casa, fui ter com ele para ajudá-lo.

– Carlos, terias um minuto para conversarmos?

Imaginando decerto que se trataria de algum assunto doméstico, sentou-se logo à minha frente:

– Pois não, Clara. Que posso fazer por ti?

Tomei suas mãos carinhosamente, para sua surpresa, e sentindo que ele precisava de algo que lhe acalmasse a alma, disse então:

– Queria agradecer-te por tudo. Por tudo o que fizeste por mim e pelo menino.

Seu gesto típico de erguer uma das sobrancelhas me fez sorrir um pouco.

- Como assim, Clara? Acredita-me: se queres saber, me culpo bastante desde o início dessa história.

Disso eu já sabia. No entanto, era preciso que ele compreendesse toda a situação por outro prisma:

– Não se culpe de nada, Carlos. Não notas que outro, em teu lugar, teria agido de forma muito menos digna? E, depois, tinhas todos os motivos do mundo para duvidar da paternidade de Lúcio, dada a vida que a mãe levava. Ainda assim me atendeste, acolheste o pequeno, que podia ser de outro homem, com uma mulher que você já detestava. Sei que te pedi muito na época, mas de forma alguma me arrependo.

Vendo-o muito pálido, mas já com um brilho no olhar, continuei:

– Nunca deixaste faltar nada ao pequeno. Durante a doença dele, abdicaste de teus prazeres que tanto te agradam para atendê-lo, a ele, que nem sabia se era teu filho ou não. Acredita: tenho muitos motivos para te agradecer. Sem ti, eu nada conseguiria ter feito. Acredito que demos ao menino o melhor que poderíamos dar, já que, de acordo com o doutor, ele não teria mesmo muito tempo de vida.

Ele baixou a cabeça, um tanto envergonhado:

– O que me dói, Clara, é que ainda escuto os passinhos dele correndo para a cozinha toda vez que entrava em casa. Depois, o acolhi por tua causa, mas tanto transtorno social isso nos causou que acabei te culpando, e ao menino. Pudesse eu voltar atrás e acolhê-lo de fato, assim o faria.

Dei-lhe longo e calmo abraço. Era, ainda assim, o meu amigo mais querido, e tinha-lhe grande afeto.

– Não te culpes mais. Tenho certeza de que, se ele tivesse sobrevivido, tendo-o visto à sua cabeceira como esteve durante todos os dias, ele não correria mais para a cozinha assim que tu entrasses em casa.

Duas lágrimas caíram de seu rosto, e eu o abracei mais forte. Achei que em seguida ele se levantaria, indo para seus afazeres costumeiros, mas ele me disse:

– Esta noite pretendo ficar em casa, Clara. Ando cansado de tantas reuniões sociais.

Fiquei agradavelmente surpresa, Júlia, pois eu também me sentia muito só naquela noite. Sentamo-nos então para juntos conversarmos e lermos um pouco. Nunca tinha pensado em como devia ser difícil para ele toda aquela situação. Eu sabia que ele tinha pesadas dúvidas sobre ter ou não perdido um filho, mas ver a criança naquele triste estado de luta pela vida o deixou bastante abalado. Teu pai, querida, pode até mesmo ter sido inconsequente algumas vezes, mas nunca foi mau.

Descobrira com os anos que Carlos possuía rígidos valores que nele tinham sido incutidos desde muito cedo e esforçava-se para segui-los, achando que assim conseguiria a vida próspera que tanto almejara. Nos últimos anos, desde que muitos da nossa sociedade tinham ficado arruinados pela quebra da Bolsa no estrangeiro, Carlos, ao contrário, tinha enriquecido razoavelmente, ajudando inclusive a meu pai. Sempre muito sensato em seus negócios, era também extremamente voltado para o trabalho. Depois do triste episódio com Lúcio, em que nos haviam banido das festas de sociedade, ele ficou mais amargo e mais triste. Rugas de preocupação já vincavam sua face. Às vezes, Júlia, levar uma vida um tanto desregrada pode ter um custo alto, e eu o via cada vez mais calado.

Mas, como tudo na vida passa por fases, acredito que, com a chegada de seus trinta e poucos anos, Carlos tenha começado a dar mais valor à vida em família, ouvindo seu jornal no rádio

todas as noites, fumando um aromático charuto e fazendo suas anotações numa cadernetinha preta. Certa vez perguntei o que tanto anotava naquela caderneta, e ele me disse, misterioso:

– Negócios, querida Clara, apenas negócios...

Sem Lúcio para me ocupar, voltei finalmente os olhos para meu marido, e estava assim absorta em meus pensamentos quando o vi fixar em mim seu olhar de costume, curioso:

– Por que não soltas teus cabelos, Clara? Com eles assim presos pareces ter uma idade que de fato não tens.

Enrubesci um pouco. Vaidade, de fato, nunca tinha sido o meu forte.

– É que com eles presos fico mais à vontade, Carlos. Eles me caem no rosto se não os prendo.

Ele continuou me olhando especulativamente, coisa que me deixou bem pouco confortável.

– Há quanto tempo não vais à modista, Clara?

Levantei novamente meu olhar que tentava acompanhar um novo livro. Tentei me lembrar de quando tinha ido à modista, e, envergonhadamente, notei que já havia uns bons três anos eu não providenciava nenhuma roupa nova. E, depois, roupa nova para ficar em casa, para quê?

– Queres que eu faça novos vestidos, Carlos? Estes meus te parecem surrados demais?

Ele, notando que eu já estava ficando um tanto irritada, foi franco e carinhoso comigo:

– Minha querida, és ainda muito jovem para perder a vaidade dessa forma. Uma moça bonita deveria gostar mais de roupas, e, depois, não estamos assim tão mal, financeiramente falando. Tu sempre foste generosa com Nana, o menino e todos os que necessitam. Não achas que seria uma boa hora para pensar em ti?

Achei graça do "bonita", que ele nunca tinha me chamado assim. Mas apressei-me em concordar, imaginando que uma esposa mal vestida não faria nenhum bem à sua imagem de comerciante próspero.

– Deixa estar, querido. Os acontecimentos me abalaram muito, mas prometo-te que ainda esta semana devo ir à modista.

Acabei me esquecendo do prometido, mas no domingo, Carlos perguntou novamente sobre minha imagem. Notei que isso realmente o estava desagradando, então marquei minha ida à modista e separei logo seis lindos modelos para usar durante o inverno que se aproximava.

Sentia tremenda falta de Lúcio, mas estava mais conformada. Nana, que parecia forte de início, foi quem me causou maior preocupação, pois quase sempre a via na beira da janela onde ele apoiava a cabecinha alourada e cheia de cachos, para ver passar os carros e as carroças na rua. Seus suspiros e sua melancolia me doíam profundamente, e resolvi lhe contar do sonho que tive com o menino e as crianças.

Foi como presenciar a vida voltando nela, que ainda por cima se sentia culpada pela passagem da criança. Ela me olhou de olhos muito abertos e me perguntou:

– Viste mesmo ele, dona Clara, com crianças?

Expliquei-lhe pela segunda vez o sonho e a voz que me confortara. Cheia de lágrimas nos olhos, foi minha querida Nana acender uma vela a sua Nossa Senhora, e a partir daí ficou mais conformada. Que força enorme, Júlia, tem a vida. Mesmo quando a separação é grande e profunda, um dia você se percebe sorrindo novamente e até planejando vestidos. Levei Nana comigo, deixando em casa apenas a arrumadeira, e assim a convenci a fazer dois costumes novos também, que ela, muito faceira, não rejeitou.

A vida começou a voltar ao normal dentro de casa, e embora tenha recebido já vários convites para festas, fiz de conta que não os tinha visto. Pode parecer bobagem, Júlia, mas essas festas me cansavam enormemente antes e agora me interessavam ainda menos. Carlos às vezes tentava me persuadir a ir, mas eu sempre relutava, quando, por fim, chegou em nossa casa um convite para o casamento de um de seus amigos de infância. Ele entrou em casa com o envelope fino na mão e foi logo me comunicando:

– Vê só, Clara, quem vai se casar: lembra-te de Alfredo, que esteve aqui em casa há uns anos?

Fiz que sim com a cabeça, e ele continuou animadamente:

– Pois vai se casar em duas semanas. Quem diria, sempre achei que ele fosse morrer solteirão, e agora ele vem com essa novidade.

Ao me ver calada, tentando escapar da recepção, ele franziu logo a sobrancelha:

– E desta vez tu vais comigo, não vais?

– Não tenho roupa para isso, Carlos...

– Roupa bonita dinheiro compra. Sem ti eu não vou, já imaginou os comentários? E depois, me orgulho de aparecer sempre contigo nessas festas. Sei que não gostas, mas é um amigo de infância, me fazes esse favor?

Dei de ombros, que jeito? Assenti com a cabeça novamente, e ele, muito feliz, pôs em cima da cômoda da sala largo bolo com notas amarradas em elástico. Pensei preguiçosamente na modista, que ia ficar muito animada com toda aquela encomenda. Nana, que tinha ouvido tudo da cozinha, veio falar comigo um tanto agitada:

– Vai sim, dona Clara. Acredito que acabarás te divertindo.

– Não sei como. Esse povo arranja tanto comentário com tudo. Duvido muito que tenham esquecido o deslize de Carlos com a dançarina.

Ela desconversou:

– Isso são águas passadas, já aconteceu há tanto tempo que eles com certeza já arranjaram assunto para comentar no lugar disso.

Fui obrigada a concordar, afinal, ela tinha certa razão. E depois, Carlos vinha sempre me fazendo tanta companhia à noite, que resolvi agradar-lhe um pouco.

No dia do casamento de Alfredo, já amplamente noticiado pelas colunas sociais, submeti-me ao martírio de enfrentar a cabeleireira do bairro, muito faladeira, que veio entrando na minha casa e tomando dos meus cabelos muito compridos com as mãos. Olhei séria para ela quando fez menção de cortá-los bem mais curtos, como era a moda da época. Por fim, deixei que aparasse um pouco e ela me fez bonito penteado, com cachos na parte de trás da cabeça. A festa seria às cinco horas, arrumei-me o melhor que pude e desci a escada do sobrado, enquanto Carlos, apressadamente andava de um lado para o outro, já meio zangado com a minha demora.

Para meu espanto, quando ele me viu bem-arrumada arregalou os olhos e soltou um assovio engraçado. Depois, de muito bom humor, veio para mim:

– Mas onde é que estava escondida esta moça tão linda? Será mesmo a minha Clara?

Corei com o elogio, apressei-o que já estávamos atrasados e entramos no carro às pressas. A igreja da cidade, centenária, estava lindamente decorada com lírios brancos presos aos bancos de madeira escura. O crucifixo da nave central estava brilhante, e mostrava o Cristo em sua agonia de maneira suntuosa. Lem-

brei-me sem querer das missas que eu aturava com dificuldade no internato, e me perguntei pela milésima vez na vida por que os padres tinham sempre que falar em latim.

No altar, Alfredo, apesar do clima fresco, suava bastante em seus mais de trinta anos, e o colete parecia bastante apertado em sua volumosa cintura. Fiquei pensando em como seria a noiva quando a vi entrar, muito leve, com imenso véu flutuando ao seu redor. Embora seu rosto não fosse bonito, reparei logo que ela também era de família abastada e devia ter pelo menos uns 13 anos de diferença para com o noivo. Não pude deixar de me lembrar de meu casamento, Júlia, e com isso recordei também a promessa de Carlos. Teria sido difícil para ele o nosso trato? Acredito que, na época, nem tanto, afinal, ele era um bom amigo da boemia, apesar de trabalhar muito. Olhei para o meu marido e amigo e notei como os anos tinham passado depressa. Carlos agora já era um senhor, e eu me perguntava se ele não gostaria de ter filhos dele correndo pela casa, como Lúcio fazia.

Tornei a corar um pouco, pois já tinha me informado de como essas coisas se passavam, pela conversa com as amigas casadas, a quem eu não informara sobre a minha condição. Toda vez que uma conversa picante a respeito dos maridos delas começava, eu tentava me aparentar muito experiente, mas tudo o que eu dizia era: "sim...", "não...", "pode ser...". Tomavam-me por tímida. Certamente, se soubessem da verdade, a situação poderia gerar um belo falatório.

De repente, tomei-me de pena de Carlos. Apesar da vida boêmia, à qual eu nada tinha contra, tinha sido bom casar-me com ele. Nunca foi ríspido comigo e era extremamente generoso com tudo o que eu lhe pedia. Enchendo-me de coragem, ao notar as pequenas e travessas crianças que corriam pela igreja, cheguei-me perto de seu ouvido e perguntei-lhe bastante nervosa:

– Carlos, não gostarias de ter umas crianças assim?

Ele, que estava de pé ao meu lado vendo a cerimônia, por pouco não caiu com o susto. Olhou-me um tanto confuso:

– Ouvi direito, Clara? Tens certeza?

Ainda bastante envergonhada, continuei:

- Estou cansada de ficar sozinha com a Nana durante o dia, querido, talvez fosse bom termos um filho.

O que aconteceu depois, querida Júlia, foi que três mais tarde você entrava em nossa vida.

Décima quinta mensagem

A chegada de Júlia

Como descrever o que sente uma grávida, Júlia, assim que o médico confirma a gravidez? Você foi uma menina esperada, querida, adorada desde cedo. Seu pai, quando teve a confirmação, deu-me longo abraço e ficou mais do que feliz. Disse-me, então, carinhosamente:

– Não tenhas medo, Clara. Este nós vamos criar juntos.

Não enjoei, Júlia, como as grávidas que conhecia de antes. O que tinha era uma fome feroz, que misturava os paladares mais estranhos. Nana, que nunca tinha me visto comer com tal voracidade, foi quem primeiro desconfiou e me preveniu que talvez você estivesse vindo. Com a palavra final do médico, comentou vitoriosa:

– Num disse? Para ter esse apetite, quem antes comia feito um passarinho, só pode estar esperando filho.

E continuou, muito sábia:

– Cansei de ver isso na fazenda de sua avó.

Porém, a melhor parte de minha gravidez foi minha mãe finalmente ter se aproximado mais de mim. Vinha sempre com seus conselhos do tipo: "Não pegues peso...", "não tomes banhos quentes demais", entre outras "sabedorias" da época.

Carlos, embora contente e orgulhoso de mim, começou a sair novamente às noites, o que, devo admitir, me entristeceu um pouco, que eu já vinha contando muito com ele. Mas, sabendo-me grávida, quis certamente me poupar de todo e qualquer esforço, e isso eu agradecia.

Muito embora minha mãe chegasse sempre carregada de roupinhas novas para o "bebê", eu tinha adquirido o costume de me sentar à minha máquina de costura para passar o tempo, de forma que confeccionei eu mesma boa parte de teu enxoval. Nana, de início, adorava ver as pequenas roupinhas que eu cosia e ela bordava com suas mãos habilidosas. Mas, sendo nós duas bastante rápidas e com tempo de sobra, logo verifiquei que a quantidade de roupinhas de bebê estava ficando meio exagerada, e acabei rindo da minha empolgação!

Foi aí que Nana teve a ideia de doarmos um pouco, Júlia. Pensando certamente em quantas mães não teriam roupinhas para seus filhos que, na época, eram caras e dispendiosas para o povo mais humilde, nos pusemos as duas a criar lindas roupinhas para o orfanato dos padres da cidade. Qual não foi minha surpresa quando a madre, vendo as peças tão suntuosas e bem trabalhadas, resolveu vendê-las para a sociedade local a preços nada baratos, para assim, conforme ela, poder comprar mais mantimentos para o orfanato. Devo dizer que, apesar de a ideia ser útil, não gostei de ver as roupinhas que eu tinha feito com tanto cuidado para crianças pobres sendo vendidas em vez de doadas, e parei com a produção para o orfanato, doando agora

pessoalmente a pessoas necessitadas que encontrava, independentemente da religião delas.

Não é que eu desconfiasse da boa madre, Júlia. Simplesmente achei que as crianças pobres também mereciam o conforto de tecidos suaves, assim como tu o terias.

Carlos achava grande graça nessas histórias, embora nunca me negasse o dinheiro para tecidos e aviamentos. Passaram-se assim os nove meses, e chegaste, linda e corada, depois de um trabalho de parto suave.

Teu pai esperava um menino que pudesse "continuar o nome da família", mas desde muito cedo eu achava que era uma pequena menininha. Não posso dizer que contava com a tua formosura, pois nasceste tão linda que as visitas se empenhavam para ver-te. Nana, com ares de avó mais do que minha mãe, tinha grandes ciúmes de ti e raramente deixava que alguma visita te segurasse no colo, alegando cuidados. Diverti-me muito com ela nesses dias, e mesmo doutor Álvaro, que foi quem fez o parto em nossa casa, me dizia que nunca tinha visto uma recém-nascida tão precoce.

Por vezes eu me pegava imaginando o que Lúcio, que era tão doce, sentiria te vendo. Ficava já perdida nas imensas e graves perguntas que ele me faria, mas tal pensamento, se não me provocava tristeza, dava-me grande saudade e melancolia. Dizem que para afastar a dor da "perda" de um filho só tendo outro, mas, eu te digo: embora tu fosses a maior das alegrias, a saudade ainda me doía bastante.

Ao contrário de quando Lúcio era pequeno, Carlos demonstrou ser um pai afetuoso e carinhoso para contigo. Muitas vezes eu o peguei recostado no berço "namorando-te", como ele mesmo dizia. Não te pareces comigo, Júlia, herdaste a beleza de tua avó materna e os cabelos alourados da família de teu

pai. Ainda assim senti que vinhas para mim, lógico que sequer imaginava que por tão pouco tempo.

Quando cheguei aqui me explicaram uma coisa que de início achei engraçada, mas depois vi nela imensa sabedoria: antes de reencarnar me contam que a alma fica "ligada" à energia da mãe, e que muitos dos filhos que aqui vão reencarnar possuem laços de longa data com a família a que vão pertencer. Com a bênção da reencarnação, em que nos esquecemos das existências passadas, muitas vezes é possível aproximar e perdoar velhos inimigos que, vendo-se como parentes sanguíneos, buscariam assim se entender e se perdoar sem que de nada lembrassem, a não ser no desencarne, quando provavelmente antigas mágoas seriam esquecidas. Mas também há pessoas unidas por laços familiares de verdadeira devoção e afeto, espíritos que reencarnam juntos para melhor aproveitamento de sua estada na Terra. Entre os "menos evoluídos", essa escolha não é feita por eles, para sua própria proteção, mas sim por pessoas que conhecem a situação deles e disso se encarregam. Aqui na colônia não funciona assim, pois os espíritos que aqui estão já se encontram num grau de compreensão um tanto maior.

Claro que, quando aqui me explicaram isso, perguntei de nossos laços passados, mas eles me disseram que eu me lembraria disso posteriormente. Ainda não me lembrei, Júlia, mas sei que terás forte ligação afetiva com a tua avó e com o teu pai.

O fato é que te tornaste o raio de sol da casa, e quando fizeste um ano, grande festa foi dada, para meu desespero, devo adiantar. Na época, a sociedade cobrava coisas assim, e eu me vi sendo tragada para uma imensa massa de afazeres que me deixavam bastante confusa. Tua festa foi na casa de teu avô materno, pois lá havia mais espaço. Ainda assim, providenciar tudo para três quadras rua acima não foi fácil.

Lembro-me bem da data, de ti, em um gracioso vestido cor-de-rosa enfeitado de pequenas flores e fitas. As perninhas gorduchas coberta pelas meias bordadas, presente de tua avó, e o ralo cabelinho ainda bem louro, com seus cachos que escureceriam depois, soltos pelas costas. Nunca entendi como as pessoas gostam de dar festas a bebês tão novos. O fato é que tu te assustaste com o volume de gente e levou algumas vigorosas apertadas nas bochechas, o que te fazia romper em sentido choro. Pouco mais de sete horas da noite – a festa tinha sido marcada para as cinco –, depois de vários sustos com tantos desconhecidos, eis tu adormecida no colo de Nana, confortavelmente apoiada nos fartos seios dela.

Nana levou-a para casa, mas tive de ficar e dar conta do enorme número de convidados. Quando saiu o último, despedi-me apressadamente de meus pais, ainda animados pelo vinho e a festança, e fui-me para casa, bastante aliviada.

Chegando a casa, no meu quarto, corri para o teu berço esperando te ver lá. Não te encontrando, comecei a procurar pela casa, até que o óbvio me ocorreu: o quarto de Nana. Chegando lá, presenciei uma cena que me fez voltar no tempo: tu, bastante aconchegada a Nana, dormias profundamente, enquanto a minha querida, sinceramente cansada, roncava baixinho perto de ti. Apanhei-te com cuidado assim desejando não acordar nenhuma das duas, exaustas que estavam, e fui caminhando passo a passo para o meu quarto, onde a colocaria no berço. Mil anos podem passar, Júlia, mas a sensação que tinha nunca esquecerei: para mim, eras um presente extremamente valioso que me tinha sido confiado.

Colocando-a com cuidado no berço, agradeci ao Senhor pela dádiva e fiz a ele uma promessa que tratei de cumprir religiosamente: olhar pelos menos favorecidos, dedicando-me a

eles algumas horas por semana. Grata que estava por ti e tudo o que representavas, era a minha forma de agradecer a Ele. Falaria com Carlos depois.

A vida seguiu seu curso normal, Júlia, com você brincando em meus joelhos e crescendo de forma rápida e feliz. Carlos retomou parte de sua vida antiga, e eu não o reprovei. Olhando isso agora, parece fazer sentido minha ausência de ciúmes dele, coisa que muito desagradava à minha mãe, que não se conformava de vê-lo pelas noites da cidade. De fato não me importava, Júlia, pois agora eu já tinha a ti e estava razoavelmente feliz.

Claro, muitas vezes me sentia sozinha, mas a agitação da casa ao teu redor me contaminava também. E havia Nana, e suas novidades diárias. Com Lúcio, ela se esmerava nos doces, e o menino era louco por ela, sempre com aquele enorme coração de açúcar. Contigo, foi ainda mais engraçado: talvez por nunca ter tido filhos, e eu já estar adulta, ela simplesmente tratou de "sequestrar" o teu coração: até de mim às vezes tinha ciúmes, a terrível!

Estávamos assim nessa vida mais ou menos calma, quando tudo aconteceu. Olhando melhor, talvez Nana pressentisse que tu irias precisar dela como nunca eu tinha precisado em vida. A única coisa que me consola do dia do acidente é que Nana insistiu que tu ficasses com ela em casa, embora eu quisesse levar-te.

Teu pai, Júlia, tinha sempre inúmeros compromissos sociais, e a alguns deles, era de bom tom levar a esposa. Muito embora eu fosse avessa às festas, preferindo minha casa, minhas costuras e meus livros, Carlos sempre achava uma forma de me convencer. Íamos naquele dia a um jantar em casa de clientes importantes na cidade vizinha, e me aprontei serenamente para poder ir e acompanhá-lo. De repente, não sei bem por que, bateu-me uma saudade infinita de ti, e saí de meu quarto e me encaminhei para o teu. Lá, tu tiravas a tua soneca da tarde tranquilamente, e olhei demoradamente para tua pele de seda e para os teus cabelos espalhados em cachos pelo travesseiro de plumas. Fundo suspiro atravessou meu peito, e pensei em levar-te, muito embora o jantar fosse formal. Nana, que ia entrando e me viu debruçada sobre a sua caminha, sorriu pra mim.

– Nana, não achas que eu devia levar a menina?

O sorriso dela se esvaiu numa atitude que, na hora, achei que fossem seus famosos ciúmes:

– Pra que, dona Clara? A menina dorme que é um anjo e, depois, sei muito bem como são esses jantares, seu Carlos bebe, a senhora morre de sono, e voltam os dois pra casa muito tarde, a menina só ia atrapalhar e se cansar.

Percebi estar ela correta, mas a saudade de ti ali continuava, ao que Nana completou seu raciocínio:

– E, aqui, ela brinca com as bonecas e eu cuido dela. Num sabe que eu cuido? Vai para tua festa que teu marido está te esperando.

Sendo assim dispensada, fui. Entramos eu e Carlos em seu automóvel novo, uma de suas poucas vaidades, que ele tinha comprado pelo possante motor. Resignei-me de passar outra noite em conversas que pouco me interessavam em nome de Carlos, e fui, ainda um pouco inquieta.

Tivemos de dirigir quase uma hora e meia para alcançar a casa dos amigos dele. Encontrei-me então diante de vistosa morada, com roseirais bem-cuidados, muro com grades e uma suntuosidade pouco disfarçada. Carlos soltou um suspiro de satisfação:

– Esse povo sabe viver, não é, Clara?

Não querendo contrariá-lo, assenti com a cabeça. De fato, a fachada da casa impressionava bastante, mas não sei se eu gostaria de viver ali. Sempre tive o que na Terra chamam de intuição: não vi alegria na casa, apenas vaidade. Carlos continuou com seu entusiasmo:

– Não quer, querida, agora que Júlia nasceu, comprar uma casa maior, como esta? É sempre tão simples, Clara, e no entanto temos condições, não só para uma casa como esta, como para uma ainda mais bonita.

Olhei-o de soslaio. Sabia que era um pouco vaidoso e que, como a maior parte dos homens, gostava de impressionar seus amigos. Mas, por minha vontade, nossa casa já era grande até demais, dando um trabalho árduo a Nana e à arrumadeira. No entanto, respondi:

– Se desejas, querido, faze como achares melhor. Tudo o que desejo é um lar para nossa Júlia.

Notando minha falta de interesse, ele fechou o rosto, numa expressão meio zangada. Carlos não se acostumava com a minha falta de ambição, e isso para nós às vezes se tornava doloroso entrave. Não foram poucas as vezes em que me chamou a atenção pela falta de suntuosidade em nossa casa, ou de meus vestidos, tanto que naquela noite, como tinha sido avisada com antecedência, corri para a modista e providenciei um bonito traje de noite, que Carlos elogiou, embora o achasse um pouco discreto demais.

As pessoas da casa, em especial a anfitriã, nos receberam bem, e logo foi sendo servida grande rodada de bebidas aos homens e vinho para as mulheres. Como de costume na época, os homens se juntaram em um seleto grupo, abandonando a nós mulheres à companhia umas das outras. Não me aborrecia muito com isso, Júlia, afinal, mesmo na boa sociedade existe pessoas às vezes com um grau maior de educação, que nos chamam a atenção pela delicadeza de sentimentos. Entretanto, não foi o que aconteceu naquela noite, que me pareceu durar séculos.

Sendo educada por minha mãe e pelas freiras, tinha recebido uma formação que me tornava um pouco estranha ao meio e reservada em excesso. A tudo respondia com graça, mas os assuntos dessas reuniões poucas vezes me interessavam. Amante dos livros desde criança, eu sentia falta de pessoas com quem discutir belos romances, e nesse ponto Carlos também era bastante versado. Olhei com pena para ele, do lado oposto da sala, conversando animadamente e fumando um de seus cheirosos charutos. Senti-me um pouco só, Júlia, devo admitir, e a saudade de ti, com teu cheiro doce e os longos cachos sedosos, me invadiu um pouco.

A pretexto de tomar um pouco de ar, que a noite estava agradável, fui para o jardim, onde o ar puro da noite cheirava a rosas e jasmins suaves. Respirei fundo e gradativamente fui soltando o ar. Inexplicavelmente, pesada angústia me doía no peito, quando me senti claramente amparada, confortada por mãos carinhosas; e veio a mim um sentimento de paz. Uma voz cariciosa me disse aos ouvidos:

"*Nada temas, Clara, tudo irá ficar bem*".

Como eu já tinha me acostumado a essas vozes desde a mais tenra infância, achei que fosse meu anjo da guarda, dizendo-me que tu estavas bem, e que eu não precisava me preocupar. Voltei então à casa, iluminada pelas luzes do jardim, e caminhei pensando sobre a confusão de sentimentos que me dominava.

Carlos, que não tinha dado pela minha falta, continuava em animada conversa com uns senhores que pareciam pertencer como ele ao mesmo ramo de comércio. Senti-me um tanto culpada por não conseguir gostar dessas reuniões como ele e tentei ser bastante simpática com as minhas companheiras de festa.

De longe, sorri para ele, que me retribuiu o sorriso erguendo o copo que tinha nas mãos.

Mais de uma hora se passou até que fosse servido o fino jantar. Eu já estava um tanto tonta de sono, quando Carlos finalmente me pegou pela mão e disse:

– Já com sono, dorminhoca? Alegra-te, pois vamos para casa.

Terminado o jantar, despedimo-nos dos anfitriões enquanto Carlos começava a convidá-los para uma data futura em nossa casa. De certa forma, a noite tinha sido até agradável comparada a outras a que já tínhamos tido. Carlos, que tinha bebido um pouco mais do que o costume, me contava animado a abertura de uma outra filial de suas lojas naquela cidade vizinha.

Chegando ao carro, um pouco embalada por umas taças de vinho, finalmente adormeci. Senti uma forte guinada no carro e, quando acordei, Júlia, eu estava aqui.

Décima sexta mensagem

Tão perto e tão longe

Tão rápido passa a vida, minha Júlia, nem nos damos conta de nada. Minha vida aqui é bonita, como nunca foi na Terra, embora eu não tivesse na realidade muito do que reclamar por lá. Fui feliz à minha maneira, nada nunca me faltou e aqui me encontro cercada de bons e verdadeiros amigos. De meu enterro, aqui me contam coisas curiosas: dizem-me que Carlos sentiu-se culpado pela minha morte, pois ele ficou apenas com ferimentos leves. Minha mãe e meu pai sofreram duro golpe, mas, como tinham a ti, logo melhoraram um pouco. Sei aqui de determinados espíritos que assistem ao seu próprio enterro; eu não vi o meu, e não gostaria de ter visto realmente. Um enterro é só uma etapa, Júlia, as coisas aqui continuam e grande é a confusão no desencarne quando continuamos a sentir as mesmas coisas que sentiríamos tendo um corpo.

Contaram-me de ti naquela situação e eu me exasperei um pouco. Agora, já se passam dois anos na Terra de meu desencarne, e estando um pouco mais evoluída, quase sempre me deixam te visitar.

Foi com imensa alegria que fui a tua festa de cinco anos, na casa de teus avós. Estavas linda como sempre, ao lado de uma Nana já mais velha e muito orgulhosa. Ao olhar para Nana, pude ver ao lado dela alguns seres radiosos, que me explicaram ter a missão de protegê-la nesta encarnação. Um deles vestia um vermelho muito vivo, como um manto, e comentei com ele que, se Nana pudesse vê-lo, com certeza acharia que era São Jorge, o santo a quem ela pedia nas horas de aflição.

O ser riu bastante, mas disse que ela não estaria de todo errada, afinal, ele ali estava para protegê-la de entidades ruins que pudessem se acercar dela. Andando pela sala iluminada da casa de teus avós, pude vislumbrar minha mãe, e – Deus! – como tinha envelhecido naqueles dois anos. Meu pai continuava forte, o bigode antes negro, agora se encontrava grisalho. Acerquei-me deles em forte abraço, mas, a não ser por um profundo suspiro de minha mãe, não pude ter certeza de que me sentiam.

Casa, em dia de festa, não abre as portas apenas para os convidados da Terra. O ambiente recebia diversos espíritos, e Marcos, mais instruído do que eu nessas visitas, me explicava o que eu estava vendo:

– *Vês logo ali, Clara, aquele senhor sentado em calma?*

Assenti, notando um senhor de seus cinquenta e poucos anos com seu terno bem passado. Atrás dele pude vislumbrar vultos de duvidosa aparência. Enquanto ele sorvia de seu vinho na taça, vi entidade vampiresca bebendo com ele de seu copo e mandando-lhe vibrações extremamente negativas, fazendo com que o coitado bebesse cada vez mais.

Ao perceber meu espanto, Marcos sorriu de forma acalentadora:

— Esses tipos são comuns em festas, Clara, vêm aqui por diversão para saciar os vícios que possuíam na Terra.

— Mas nada podemos fazer para proteger o pobre homem?

Marcos, bem mais experiente, me explicou:

— Pelo jeito que se dão bem juntos, acredito estarem ligados há bastante tempo. Mas, se quiseres, podemos ir lá falar com ele.

Observando a criatura medonha de cor amarelada, não tive lá muita vontade de me intrometer, mas, com a pena que estava daquele senhor, não pude deixar de tentar ajudá-lo. Aproximamo-nos pela sala cheia de convidados, e o ser, ao nos avistar, começou a falar em tom ameaçador:

— Que quereis? Não notastes que este aqui me pertence?

Bastante amedrontada, retruquei:

— Como assim te pertence, senhor?

Ele lançou um olhar de puro ódio ao homem que obsediava, já um pouco tonto devido ao vinho:

— Ele me deve. Este canalha, quando mais moço, seduziu minha filha de dezesseis anos e depois a abandonou na miséria. Eu, que já bebia antes, morri disto, e não vou sossegar enquanto não o levar para o mesmo destino.

— Não pensas no perdão, senhor? — perguntou Marcos.

— Aqui é olho por olho e dente por dente. A própria Bíblia me dá razão; logo, se não tendes mais nada a fazer por aqui, dai-me licença.

Vendo que ali não poderia fazer nada para ajudar, recolhi-me, mas não sem antes perguntar a Marcos:

— Marcos, por que este senhor não possui entidades que o protejam?

— Mesmo os espíritos protetores se cansam, Clara, quando dão bons conselhos e não são ouvidos. Esse espírito está ligado ao do senhor por serem bastante parecidos em sentimentos, mas enquanto um

nasceu pobre, o outro era rico desde a infância. Daí, este que agora está desencarnado se julga no direito de perturbar o outro, mas ele mesmo não possuiu uma encarnação assim tão ilibada. Todos temos os nossos pecados, Clara, e os do espírito obsessor não são menores do que os deste senhor.

Calei-me, observando a veracidade das coisas. Eu queria saber como Marcos sabia de tudo aquilo, mas ele me sorriu misteriosamente e disse:

– *Logo, tu também saberás identificar os sentimentos por trás das palavras.*

Continuamos a caminhar por entre os convidados da festa, e deparamos então com Carlos, que olhava para os convidados com um misto de enfado e alegria forçada. Tive um pouco de pena desse meu amigo, que tanto tinha me ajudado na minha recente estada na Terra. Carlos estava envelhecido também, e olhava para ti, Júlia, com demasiada ternura e certo cansaço. Grande foi meu espanto quando vi, por trás dele, Valerie, vestida no mesmo traje de sempre e sorrindo soturnamente. Ao me ver, ela se espantou bastante e tentou inutilmente esconder-se por trás dos convidados. Vendo seu semblante triste e ameaçador, compadeci-me dela, lembrando-me da moça orgulhosa e altaneira que havia me visitado em minha casa. Quanta mudança, Júlia! Ela estava cansada e abatida, e mostrava ainda nos olhos o desejo de vingança sobre Carlos.

Marcos, identificando os dois, observou:

– *Sim, Clara, ela ainda nutre por ele sentimentos bastante fortes. Tem inclusive influenciado-o bastante, instigando o desejo dele para a luxúria e o jogo. Teu ex-marido tem pela frente duras provas, mas com a graça do Senhor, um dia ele também encontrará seu caminho.*

– *A que provas te referes, Marcos?*

Ele olhou significativamente para Valerie:

– A prova da pobreza. Ela o está induzindo a isso a todo instante, arrasta-o para mesas de jogo e prostíbulos, e é o comentário da cidade que ele não conseguirá permanecer por muito tempo à frente de seus negócios.

Olhei preocupadamente para Júlia:

– E Júlia? Ficará desamparada?

Notando a minha preocupação de mãe, ele me respondeu:

– Não creio, Clara. Teus pais a estimam bastante. Mas creio que ela representará papel interessante em toda esta história.

– A que te referes?

– Júlia é uma alma bastante iluminada. Mesmo agora, aos cinco anos, já atrai para si a simpatia de seres iguais a ela, enquanto causa incompreensão nos menos evoluídos. Observa como ela brilha.

Olhei para ti, pequena, e, de fato, suave aura prateada rodeava o seu pequeno corpo. Senti teus olhos encaminhando-se em minha direção, e, mesmo sem me ver claramente, vi o seu sorriso a mim endereçado, e suave paz tomou conta de meus pensamentos. Ao ver praticamente sorrindo para o "nada", minha mãe chegou-se a ti, curiosa:

– De que estás rindo, Júlia?

Teus olhos inocentes a miraram com alguma surpresa:

– Não vês, avó, a moça do retrato?

Minha mãe franziu o cenho, um tanto desconfiada:

– De que retrato falas, minha querida?

Ao que, sem deixar de sorrir para mim, apontou com seu bracinho gracioso a moldura em que uma foto minha, com ela ainda bebê de colo, estava sobre a cômoda da sala.

O que aconteceu a seguir seria engraçado, se não fosse triste. Minha mãe, acompanhando o gesto, assustou-se, erguendo-se do lado dela, e logo em seguida foi ter com meu pai. Chamando-o para o lado, distanciando-se dos convidados, murmurou tristemente:

– Bem lhe disse que deveríamos ter cuidado dela desde cedo. Naquela casa, só com o pai e Nana, Júlia está sendo levada para o lado das superstições, se não for coisa pior.

Meu pai, que era calmo, embora severo, perguntou:

– Mas a que te referes, mulher?

– A menina afirma ter visto Clara aqui nesta festa. Será alucinação?

Ele então observou, para acalmá-la:

- É apenas coisa de criança, mulher, não te lembras que também Clara, quando criança, às vezes dizia "ouvir coisas"?

Ela acalmou-se um pouco, mas podia notar claramente que ela não se satisfizera com a explicação. Aproximei-me de minha mãe, que, embora fosse tão diferente de mim, era-me cara e amada. Pude notar seu semblante um pouco cansado e a enorme vontade de trazer Júlia para perto de si. De fato, minha passagem a tinha abalado bastante. Entendi então que certas pessoas, por mais frias que pareçam, às vezes também sofrem bastante, e ao notar a maturidade de sua existência chegando a passos rápidos, queria perto de si a única neta, que tanto se parecia com ela fisicamente.

Observando esses pensamentos em sua mente, senti-me um pouco mais confortada. Mesmo que Carlos empobrecesse, a fortuna de meus pais era bastante sólida, e nada te faltaria. Voltei então a observá-la, e foi com uma certa surpresa que te vi sair com uma bandeja carregada de pequenos doces finamente trabalhados. Sob o olhar de Nana, tu saíste da movimentada sala e foste até o portão do jardim distribuir as guloseimas às crianças humildes que lá estavam, encantadas com a decoração da festa. Depois de servi-los, acenaste graciosamente e voltaste aos teus convidados.

Observei com Marcos que era hora de nos recolhermos também. Afinal, nosso dia seguinte seria como sempre bastante atarefado. Agradecendo a Deus a oportunidade de rever os meus queridos, seguimos para a colônia.

Décima sétima mensagem

Trabalho no umbral

A vida aqui anda agitada, Júlia. E o tempo aqui corre diferente do tempo daí, difícil de explicar. O fato é que, quando acho que se passaram alguns meses na Terra, são anos que se foram. Marcos anda muito feliz com meu aprendizado, e Ariel ainda me aconselha bastante. Estou agora num grupo que socorre pessoas que estão deixando a Terra. Acredita, filha, sensível como sou às vibrações emanadas, minha maior dificuldade é de tentar afastá-las. Marcos diz que isso é bom por um lado, afinal, essa sensibilidade também me faz perceber atualmente coisas que eles nem desconfiam quando aqui chegam e, assim, vendo a verdade, posso me direcionar melhor para ajudá-los.

Deus é sábio, Júlia, e dota desse tipo de faculdade quem já não julga o próximo. Ariel sempre me diz que à medida que o amor pelo próximo cresce dentro de nós, com a compreensão de nossa humildade verdadeira, nossas faculdades se ampliam, e embora eu ainda sinta enorme pena das coisas que vejo por aqui, pelo menos já não deixo que me influenciem. Às vezes a fé no Senhor e no tempo é tudo o que nos resta.

Para explicar melhor, deixa que eu te diga sobre incidente ocorrido poucos dias atrás. Caminhávamos, junto com nossos desvelados amigos, pela região do umbral, onde tantos espíritos permanecem perdidos em seu próprio desespero. Nossa missão era atender a preces que estavam sendo enviadas ao nosso plano e, assim, com sorte, conseguir resgatar algumas pessoas. Foi quando notei o choro silencioso de uma senhora de traços aparentemente bondosos. Quando olhei para ela, notei que chorava baixinho e parecia muito entristecida. Meu coração se condoeu do dela, que parecia em tanta penúria.

No entanto, quando me aproximei, notei em sua volta diversas sombras negras, como se a asfixiassem. No meio de seu pranto ela maldizia sua sorte, e no entanto estava consumida de orgulho e vaidade. Marcos, percebendo, pela experiência, do que se tratava, segurou-me pelo ombro e disse:

– *Presta atenção, Clara, não te aproximes demais ainda.*

Olhando admirada para as sombras, observei nelas o formato de pequenos fetos, já em adiantado estado de formação, alguns deles bastante machucados. Percebi então estar diante de uma pobre que tinha cometido alguns crimes sobre a Terra, tirando a vida de bebês por nascer. Espantei-me muito, já que a feição da senhora em nada condizia com tão tristes espectros. Sentindo a dor que deles emanava, não pude deixar de perguntar a Marcos:

– *Querido, são espíritos em forma de fetos que estou vendo? Por que se mantêm em tamanha dor?*

Ele sorriu tristemente, e Ariel, ouvindo a pergunta me explicou:

— Não, Clara. A maioria dos espíritos ligados ao corpo destas crianças há muito já teve outros caminhos, que são livres de culpa. Mas, um ou outro, que esperavam pela chance da reencarnação, ao se verem assim tolhidos, realmente se irritaram com ela e a perseguem desde então, mas não nesses corpos; é ilusão, própria culpa dela mesma. A energia que vês vem destes espíritos, que buscam vingança quando deveriam dar o perdão. E eles não percebem que, assim, atrasam também seu desenvolvimento espiritual.

O choro continuava baixinho e irritante. Vendo que eu me condoía dela, apesar de seus crimes, Ariel me disse:

— Vai até lá e tenta conversar com ela. Estaremos aqui, nada temas.

Aproximei-me então do triste vulto que estava enevoado em seus espectros. Ao me ver, ela levantou os olhos admirada:

— Ah! Enfim um ser de luz! És um anjo do Senhor?

Bastante confusa, retruquei:

— Não, senhora. Sou apenas Clara, vim tentar socorrer-te.

Ao saber que eu não era um "anjo", tomou-me imediatamente como alguém de nível inferior ao seu:

— Já era tempo! Há uma eternidade que sofro aqui, quando tudo o que fiz foi auxiliar pobres moças que não desejavam a maternidade!

Pesada energia negativa a envolveu então, causando-me forte asco. Notei em suas mãos pesados anéis de ouro esmaecido e alguns sinais da riqueza terrena. Ela continuou:

— E então? Que vais fazer para me livrar dessas sombras horrendas? É possível que Deus seja assim tão vingativo para me deixar neste vale? Sempre contribuí para a Igreja e agora me vejo assim; é injusto.

Notando nela ainda a total incompreensão das Leis Divinas, afastei-me de pronto, tentei me desvencilhar de tão poderosa e pegajosa energia. Pude ainda ouvi-la ao longe:

– Volta já aqui! Não vieste para me ajudar? Como podes me deixar aqui ainda?

Ao me verem retornando com ares pouco auspiciosos, Marcos e Ariel me sorriram compreensivamente:

– Notas agora, Clara, que ela ainda não está nem arrependida nem preparada para os ensinamentos?

– Sim, Ariel, infelizmente ali ainda não posso ajudar.

- E o que achas que aconteceria caso ela se encontrasse em nosso nível, quando sabes da fragilidade de determinados seres que se encontram por lá?

– Entendo o que dizes, ela provavelmente provocaria atrasos no desenvolvimento de alguns espíritos. Possui forte energia de ódio e rancor, assim como orgulho e vaidade bastante exacerbados. Orarei por ela, mas é tudo o que podemos fazer por agora.

Afastei-me dali, pensativa na lição que havia aprendido. Para que a felicidade do amor de Deus chegue, é preciso acima de tudo que a pessoa queira, verdadeiramente, participar, ou então é tempo perdido. Continuamos em nossa caminhada, quando observei outros seres, alguns perdidos em tenebrosas recordações, outros em planos de vingança. Ariel seguia na frente do grupo, e Marcos, segurando meu braço para me dar o apoio necessário, vinha ao meu lado carinhosamente.

Não posso dizer que tenha apreciado o trabalho, Júlia, que por sinal é apenas um dos muitos que aqui tenho a fazer. Mas quando conseguimos resgatar alguém e tomamos essa pessoa sob nossa proteção e encaminhamento, decididamente vale a pena. Muitos também são os que se arrependem do mal que causaram e, assim, conseguem encontrar relativa paz. O perdão, tão mal interpretado na Terra como forma de fraqueza, aqui é palavra preciosa, que nos guia a paz.

A cada dia que passo aqui menor é a minha necessidade de dormir e descansar. Marcos ri bastante do meu espanto com a minha disposição para aprender e de eu estranhar não sentir o cansaço que sentia na Terra. Ele me diz que antes de reencarnar eu raramente dormia, e que logo isso se restabeleceria. Sinto que há aqui tanto a relembrar e a aprender que me sinto cheia de energia e de fé. Nunca me senti tão feliz, Júlia, e mesmo com a falta que ainda sinto de ti, agora posso visitar-te mais vezes, e, com isso, vendo teus progressos, me sinto bastante feliz.

Já existem determinadas coisas de que me lembro de outras encarnações. Teu pai, Carlos, por exemplo, foi meu irmão em vidas anteriores, e cultivamos de longa data essa simpatia que temos um pelo outro. Olhando minha recente existência agora, entendo a energia que nos guiava, que sempre foi a de bons amigos e irmãos, e não a de marido e mulher. Caso tivéssemos insistido nesse tipo de relação, nos feriríamos mutuamente. Meus pais também já estão juntos há diversas encarnações. E embora ainda não haja entre eles o amor puro que há entre mim e Marcos e essa eterna empatia, eles possuem forte elo comum, e o que os afasta muitas vezes é o orgulho – o que chega a ser engraçado, de certa forma, pois vivemos juntos em algumas encarnações também. Na anterior, justamente eles, tão orgulhosos, trabalharam como criados em minha casa. Lembro-me inclusive de que eles já eram bastante orgulhosos então, mas permanecem juntos e assim estão evoluindo lentamente.

Às vezes, daqui, escuto um pranto silencioso de minha mãe, que tão pouco me entendeu em vida, julgando-me muitas vezes como uma “excêntrica”. Sente minha falta e agora, com o chegar do outono de sua vida, acredita entender-me mais. Vejo-a às vezes falando contigo, Júlia, que eu era “uma santa”. Não acredites nisso, menina, que ainda é longo o meu caminho de evolução. E, depois, essa santidade tão declarada não é de meu agrado.

Logo chegará o momento de Nana desencarnar, já notamos nela algumas deficiências em seu estado físico. Nana está comigo há tantas encarnações que nem consigo me lembrar de todas, e estamos longamente ligadas pelos laços de amor e afeto que temos uma com a outra. Já fomos mãe e filha, irmãs, amigas e, nesta recente, ela escolheu – e ainda está passando com mérito – pela prova da pobreza e da humildade. Nunca me lembro de ter ouvido de Nana uma única reclamação por ter nascido filha de escravos ou pobre. Sempre foi tão preocupada em auxiliar o próximo que nunca perdeu tempo em lamentações. É quem mais sente minha falta, mas nem por isso se queixa. Vou vê-la em seus sonhos às vezes, e conversamos longamente. Ela está tremendamente orgulhosa de ti, Júlia, que demonstras cada vez mais qualidades que para ela são essenciais, como a inteligência aguçada e a bondade.

Quanto a ti, grande é a felicidade de notar minha menina se encaminhando para a puberdade. Senti em tua avó a vontade de que você curse o mesmo internato que eu. Teu pai é que não concorda de jeito nenhum, não quer ficar sem ti por perto. Nisso faz bem, pois em minha última visita vim a notá-lo bastante abatido e já um pouco consumido pelo vício da bebida e do jogo. Apesar de tudo, Carlos te ama apaixonadamente, e tua presença para ele é luz e paz.

Os negócios dele, antes tão cuidados, agora se perdem paulatinamente, e é grande a exasperação dele com o futuro. Tem também uma nova companheira, coisa que de início me fez feliz, já que eu não gostaria de vê-lo sozinho. Mas, ao me aproximar dos dois, os sentimentos por eles fluídos eram pesados. Os dele, de suave luxúria e impaciência; os dela, de interesses pautados pela ambição. É pena que ela não o ame, Júlia, que teu pai é homem de muitas e boas qualidades, mas Valerie continua influenciando sempre que pode e, tendo os dois as energias sugadas pela mágoa e o despeito, consegue ela quase sempre o que quer.

Passa pelos pensamentos de teu pai colocar essa moça em nossa casa, o que me assusta um pouco, tendo em vista que os sentimentos deles têm pouco a acrescentar a ti, naturalmente bondosa. Nana, que sempre teve uma "intuição" bastante esmerada, não viu com bons olhos essa moça, que se chama Amélia, e a quem ela chama secretamente de "branquela pintada". Nana pode não estar com toda a saúde, mas continua bastante afiada.

Amélia, na realidade, gosta um pouco demais de maquiagem, muito embora seus vestidos sejam caros e de boa qualidade. Acercando-me dela pude notar que possuía uma boa educação no sentido estrito da palavra, tinha estudado em boas escolas, pois seu vocabulário era razoavelmente culto. Tenho de te confessar algo, Júlia, de que tu irás te surpreender bastante: depois de certo treino, conseguimos aqui perceber os pensamentos de encarnados e desencarnados. Isso acontece de forma simples e gradativa: os pensamentos simplesmente aparecem, e nós os notamos.

Isso, na realidade, não é uma dádiva apenas de bons espíritos. Alguns espíritos com pouca iluminação, mas ainda assim com razoável inteligência, conseguem o mesmo. Ariel me explicou que os pensamentos que temos deixam forte rastro de energia em muitos casos e, assim, pessoas com maus pensamentos podem muitas vezes atrair para si entidades de pensamentos similares. Preste sempre atenção nisso, minha Júlia, que muitas vezes os pensamentos ruins de inveja, ingratidão e angústia costumam atrair coisas negativas, principalmente depois de expressos em palavras. Aqui se diz que "palavras podem ter mais força do que se imagina".

Vejo-te agora com teus quase dez anos, um pouco perdida entre a casa de teus avós e a do teu pai. Minha mãe infelizmente

tem errado um pouco a sempre criticar teu pai na tua presença. Não consegue de jeito nenhum se conformar com a presença de Amélia em sua vida e se refere a ela como "a doidivanas" do Carlos.

Mais de uma vez te vi assustada com o termo usado, franzindo as bonitas sobrancelhas quando ouvia tua avó citar esse termo. Acredito que minha mãe, sendo tão tradicional, se escandalizasse um pouco com a altura das saias da moça e mais ainda por ela fumar em público. Eu, que nunca fui dada a esse tipo de opinião, relevei isso com facilidade, mas não pude deixar de me sentir ameaçada quando vi os sentimentos dela a teu respeito.

Uma das coisas que nos angustia bastante do lado de cá da vida é quando vemos pessoas que amamos, como eu te amo, rodeadas de algum tipo de perfídia. A moça que tão bem te trata na presença de teu pai, no fundo sente demasiado ciúme de ti, que tem cada vez mais ficado bonita como a tua avó. E teu pai, Júlia, se não anda rico como antigamente, ainda te cobre de presentes sempre que pode, provocando ainda mais o ciúme da moça.

Amélia vem de família de classe média e é a terceira dos cinco filhos do casal. Eles vivem com relativo conforto, mas a grande ambição de Amélia e de sua mãe é que ela se case "bem". Segurança financeira para elas trata-se de coisa fundamental.

É verdade que Amélia pode ser considerada uma moça de bom porte, até mesmo bonita. O fato é que, por seu temperamento, colocou a correr um bom par de pretendentes, coisa que com o teu pai ela espera que não se repita, por isso muitas vezes finge um interesse que não possui.

Incidente um tanto perverso me fez ter por Amélia pouca ou nenhuma simpatia: ao passar pela cômoda que fica num canto da sala e deparar com meu retrato, ela parou, mão no queixo,

analisando-me cuidadosamente. Nisso, Nana que vinha apressada da cozinha para te trazer lindas cocadas brancas, viu a cena, que lhe chamou a atenção. Ao notar a presença de Nana, Amélia fez cara de enfado e perguntou, com ar pueril:

– É esta, então, a primeira esposa de Carlos?

Nana, que já não tinha por ela grande apreço, respondeu-lhe:

– Sim, esta é Clara.

Ela então pegou, com a mão esmaltada de lindo tom de vermelho, a minha foto e levou-a ao encontro de seus olhos detidamente:

– Sinceramente! Carlos sempre tão bem de vida se casar com pessoa tão sem graça, não é à toa que correm os rumores de que ele nunca lhe foi fiel.

Conheces bem Nana, minha Júlia. Embora seja negra, naquele momento forte rubor tomou-lhe o rosto. Deixando as cocadas em cima da mesa da sala, colocou suas mãos no largo quadril e respondeu à altura:

– Pois fique sabendo que essa foto de jeito nenhum faz justiça à dona Clara. E depois, se fosse você, abria bastante esses olhos, pois pau que nasce torto morre torto.

Devo dizer, Júlia, que encantada com a atitude de Nana e da resposta ferina, bem à altura da outra, soltei grande risada do lado de cá. Dito isso, coloca ela as suas lindas cocadas em seu colo e sobe em direção ao teu quarto. Acompanhando suas passadas rápidas e um tanto raivosas, vi-a entrar no quarto profundamente exasperada, deixando as cocadas em cima da escrivaninha. Ao notá-la em tal estado, vi quando tu levantaste os olhos do livro que estava lendo e perguntaste a Nana:

– Que houve, Nana? Algo errado?

– Nada, só aquela "branquela pintada" me atiçando os nervos.

Não pude deixar de notar nos teus olhos, aos dez anos de idade, uma preocupação de adulto muito bem pensada:

– Não quero, Nana, que brigues com ela. Sabes muito bem que meu pai deseja se casar novamente, e se ela não gostar de ti, ficarei sozinha com ela. É o que desejas?

Ao ouvir tal afirmação, Nana apertou os olhos em preocupação, pois deixar-te era tudo o que ela menos queria, ainda mais em semelhante companhia. Foi interessante notar a mescla de pensamentos que lhe varreu o cérebro: da alegria de ter desafiado a Amélia, ao temor de te ver desprotegida.

Achei sobremaneira interessante o jeito que te portaste, filha. Madura em excesso para a tua idade, e ponderada, qualidade que quase sempre me faltou. Conversei sobre isso com Marcos, que me explicou que a idade terrena é campo de ilusões eterna. Nasceste já com um grau de evolução avançado, e notei, que ao expor tuas ideias para Nana, tua grande preocupação foi de proteger o emprego dela, já em idade avançada, mas, para não ferir seus sentimentos, usaste como expediente a tua própria fragilidade. Fiquei um tanto surpreendida com tal rapidez de raciocínio e com a bondade presente em teu coração.

Entendi também que, contando com tais atributos de alma, não tinha muito que me preocupar tanto contigo. Com teu bom gênio e a tua inteligência, Deus haveria de sempre cuidar de ti. Ainda assim, meu coração se apertou um pouco, pois tudo eu daria para poder te dar apoio agora, prevendo já os difíceis dias que se seguiriam.

Décima oitava mensagem

O novo casamento de Carlos

Às vezes penso, Júlia, que o mundo onde habitas agora é cheio de pessoas reféns de seus próprios medos. Muito embora Ariel não concordasse com as minhas visitas frequentes a ti, por temer que isso me influenciasse negativamente, consegui aqui manter minhas tarefas a contento, com uma razoável paz. Marcos sempre me lembra que essas provas que se seguem costumam ser purificadoras, e que eu nunca deveria confundir riqueza com felicidade. Muito embora soubesse disso de antemão, já que nunca em vida dera valor à matéria, sabia ainda assim que para as pessoas encarnadas a realidade pode ser bem outra.

Eles então, sabendo-me preocupada com o teu bem-estar, permitiram-me ver-te de modo menos espaçado, pois meu coração de mãe estava realmente angustiado.

Nas vezes em que fui te ver, já notei a influência de Amélia na decoração da casa – que antes tinha um toque austero e simples devido ao gosto de minha mãe e ao meu –, que agora tinha um ar mais mundano, mais leve. O casamento de teu pai seria para alguns dias, e Amélia já se ocupava de todos os preparativos. Assustei-me um tanto, pois Carlos, orgulhoso, não a tinha prevenido de sua real situação; assim sendo, notei que ela não media despesas, acumulando assim dívidas após dívidas.

Notei-te, Júlia, com um semblante um pouco amuado andando pela casa, pensativa sobre toda aquela situação. Tua avó já tinha te informado da real situação de teu pai mais de uma vez, e tu sabias que todo aquele disparate acabaria por custar muito caro. Vejo entrar pela porta da sala uma mulher pequenina, com um chapéu que poderia se chamar de "interessante", e não pude deixar de sorrir um pouco. Era a modista que Amélia esperava; e assim que ela entrou, Amélia chamou-te de forma afetada:

– Júlia, venhas ver a modista, que não quero que compareças ao casamento de teu pai vestida como uma mendiga. Vamos ver os modelos.

Nana, da cozinha, deu um resmungo, mas eis que a vejo descendo docemente as escadas sem ter no olhar reclamação, apenas um pouco de enfado. Ainda assim, sorriste para a modista que te devolveu o sorriso em simpatia.

– Mas que linda menina! Pareces mesmo com a tua avó, o mesmo porte de princesa, será fácil costurar para ti.

Notei que gostaste dela, e assim, quando Amélia escolheu um rodado vestido de organdi, ela te apoiou dizendo que havia outros melhores. Fez com que escolheste tu mesma, e se encantou com o teu gosto que, embora fosse simples, era bastante acertado para o teu talhe. Amélia não satisfeita retrucou:

– Mas tens certeza de que queres essa coisa simples? Assim tão sem graça! Escolhe coisa melhor, menina, que teu pai pode pagar.

A resposta que deste foi digna de um político experimentado:

– No teu casamento, quem tem de brilhar és tu, Amélia, afinal, esse vai ser o teu dia.

A esse tipo de resposta, Amélia, muito vaidosa, de pronto calou-se. Era verdade, não queria ver-te chamando a atenção para ti. Olhei-te claramente admirada, pois assim conseguias o vestido que escolheste, e a modista te deu um sorriso de cumplicidade.

Carlos, que entrava e tinha ouvido parte da conversa, não conseguiu evitar levantar sua sobrancelha em seu gesto típico de bom humor.

Estive no casamento de teu pai, Júlia, muito embora eu não gostasse de reuniões sociais, nem quando estava no teu plano, ainda mais agora, que me encontro aqui, onde minha sensibilidade fica cada vez mais aguçada. Notei a falta de teus avós, que pareciam não concordar com o enlace de Amélia e Carlos. Achei graça de certa forma na atitude de meus pais, pois acredito fielmente que Carlos devesse tentar sua felicidade; nem em nossos dias de casados pensei de forma diferente, nunca fui ciumenta, Júlia, e sempre acreditei na liberdade de sentimentos.

Teu pai pareceu-me ter bem mais do que a sua idade real no altar. Sem querer, lembrei-me dele no altar de nosso casamento, onde ele parecia acima de tudo mais calmo e mais feliz. A igreja estava paramentada com toda a ostentação, com lírios pendendo entre folhagens nos bancos. Quando te vi entrar em lindo vestido cor-de-rosa, muito séria e compenetrada, não pude deixar de sorrir. Em certas coisas os filhos se parecem conosco; em outras, não. Se me colocassem num altar de casamento eu certamente ficaria de cabeça baixa, olhando o chão a todo momento, mas tu mantinhas altiva a linda cabecinha ornada também com delicadas flores e fitas.

Os convidados estavam um tanto oprimidos, pois eram muitos em espaço que não os comportava com conforto. Poucos da parte de Carlos, a maior parte parecia pertencer à família de Amélia, e formavam ruidosa audiência. De minha parte fiquei nos fundos da igreja, admirando a minha menina e orando para que Carlos fosse feliz.

Amélia tardou, como a maior parte das noivas, mas quando entrou na nave da igreja tive de reconhecer que estava bela. O véu ricamente bordado arrastava-se pelo chão, e o vestido, que lhe ressaltava o pequeno busto e o corpo bem-feito, parecia também bastante caro. Em vez das famosas flores de laranjeira, ei-la com seus lírios, os cabelos curtos e louros ocultos pelo véu.

Curiosos personagens não encarnados assistiam também à cerimônia, e pude vislumbrar, por trás de Carlos, a figura de Valerie, ainda com ares de feroz fúria. Sustive o fôlego e segurei firme o braço de Marcos, que, ao meu lado, também a tudo observa.

Não se via no rosto de Amélia a emoção que costuma pairar no rosto das noivas: seu semblante era traído por uma vaidade e um orgulho extremos. Tinha o queixo levantado e parecia estar celebrando grande vitória. Não preciso dizer que me preocupei com a situação de Carlos, pois já sabia que ele economicamente não tinha mais tantos recursos quanto a sua noiva supunha.

E, no meio de todo esse aparato, se encontrava a minha Júlia. Entre altiva e preocupada, observava a presença de poucos parentes do pai. A cerimônia demorou coisa de uma hora e, depois, os diversos carros seguiram para o clube da moda, também alugado por Carlos, que em hora nenhuma me pareceu feliz.

Várias vezes me perguntei o que liga as pessoas e suas relações sobre a Terra, Júlia. Teria Carlos alguma ligação anterior com aquela Amélia? Provavelmente, mas claro que nem todos os que conhecemos são nossos amigos de outras existências. A

mágica fica justamente nisto: quanto mais encarnações temos, mais pessoas e experiências partilhamos. Notei, porém, que alguns de seus valores morais eram bem parecidos, pois tanto Carlos como Amélia eram bastante materialistas. Suspirei conformada: se comigo ele reclamava de eu ser relativamente simples, com sua nova mulher certamente isso não ocorreria.

Baldes com garrafas de champanhe circulavam entre os convidados, e pude notar que a família de Amélia, apesar das roupas caras, não se portava com a finura esperada: era um festival de altas risadas que não me pareciam verdadeiras, comentários maldosos aqui e ali, e mulheres de maquiagem bastante exagerada. Tu, na tua simplicidade parecias destoar lindamente do ambiente, muito embora fosses educada e sorrisses sempre que solicitada.

Teu pai notou que estavas bastante cansada, com isso chamou-te ao canto e, para seu grande prazer, pediu ao motorista que te acompanhasse até tua casa.

Sabendo-a agora em companhia de Nana, retirei-me com Marcos, que me parecia bastante pensativo e um tanto taciturno. Quando lhe indaguei o que estava sentindo, ele me deu um sorriso cansado:

– É muito provável que a nossa Júlia não fique mais muito na companhia de teu ex-marido.

– Por que pensas dessa forma? Por Amélia?

– Gostaria muito de estar enganado, Clara, mas de acordo com informações que obtive, em breve todo este fausto acabará. Seria prudente influenciarmos positivamente tua mãe e teu pai para tirarmos Júlia de lá antes que isso ocorra. Para Amélia trata-se apenas de um casamento de interesse, não podemos prever o que acontecerá quando seus sonhos ruírem.

Sustive minha respiração por um segundo e logo entendi o ponto de vista de Marcos. É verdade, acreditei que o comportamento de Amélia contigo, agora ainda afável, se tornaria bastante amargo quando ela perdesse seus privilégios.

– Acreditas, Marcos, que isso demore muito ainda?

Ele me sorriu suavemente:

– Bem sabes, Clara, que não prevemos o futuro. Mas pela energia presente e os fatos já acontecidos, acredito que em pouco tempo, menos de um ano, os fatos já começarão a se desenrolar.

Detive-me para realizar uma oração, tanto por Carlos como por ti.

Décima nona mensagem

Sobre a influência do mundo espiritual em nós

Será, minha querida Júlia, que não perdemos tempo demais sobre a Terra nos importando tanto com os bens materiais? Parece-me que, como a maior parte de nós não consegue ver os reais sentimentos e valores alheios, por tantas vezes tão bem ocultados pela chamada "educação em sociedade", nos preocupamos em aparentar os valores que todos enxergam, ou seja, a casa em que moramos, as vestes que usamos e todo tipo de bem material que raramente revela o que esperamos mostrar.

Durante minha estada na Terra, minha querida mãe se esforçava para que eu entendesse esses valores. Tudo em vão, de natureza extremamente simples, nunca fui muito afeita às modas que as mulheres de então gostavam. A verdade é que cada pessoa tem sua forma de se expressar, e a minha era de cunho simples e discreto. Muitas foram as vezes que minha mãe carinhosamente me chamava de "casmurra" (emburrada), numa alusão às minhas vestimentas simples de então. Mas, em ti, noto que ela terá um pouco mais de sucesso, pois enquanto sempre me encolhi por timidez, teu porte é naturalmente régio, e embora não dês muito valor a essas coisas, tens um gosto já naturalmente apurado.

Tal característica tua, que me enche de um certo orgulho maternal, deixa tua avó muito feliz e ao mesmo tempo preocupada. Sabendo desde já da situação em que te encontras, e o que é pior, da que pode se desenrolar, acerquei-me de minha mãe o quanto pude, na intenção de proteger-te o máximo possível. Aconteceu então coisa curiosa: minha mãe, que era católica, embora mais por conveniência do que por fé, mostrou-se bastante receptiva aos meus pedidos de filha, muito embora não admitisse que tais comunicações pudessem ocorrer.

Não foram raras as vezes em que me comuniquei com ela, e assim, sem que ela se apercebesse, fui aproximando-a cada vez mais de ti.

Marcos, a meu lado, sorria da minha preocupação de mãe. Parece que ele, embora sempre bondoso, não partilhava sempre de minhas preocupações. Vendo-o tão tranquilo, não pude deixar de externar meus sentimentos:

– *Acreditas que estou preocupada em demasia, meu querido?*

Ele me sorriu confortadoramente:

- *Poucas são as mães, Clara, que não se preocupam em demasia. Confio no Senhor para o desenrolar das coisas, apenas isso. Mas tenho observado teus progressos com a tua mãe terrena, e isso tem me feito muito feliz. Tua influência sobre ela certamente trará bons frutos, tanto a ela mesma, como a Júlia.*

Olhei-o um tanto desconfiada:

— Acreditas mesmo que eu consiga, daqui, influenciar minha mãe? Mas falo com ela tantas vezes e jamais consegui uma resposta.

Ao que ele me olhou bastante sério, como se me sondasse um pouco:

— Sabes muito bem, Clara, o quanto os espíritos desencarnados influenciam os vivos. E é claro que tens conseguido respostas. Não notas como tua mãe, não mais que "de repente", conseguiu uma misteriosa "intuição"? Ela te escuta, não as tuas palavras, mas os teus sentimentos, e isso a tem aproximado cada vez mais de Júlia.

— Então, minhas súplicas a ela para não se afastar de Júlia têm surtido efeito?

Ele pareceu ponderar um pouco e depois respondeu:

— Com certeza, Clara. As influências do mundo espiritual sobre o mundo físico sempre foram muito sentidas, tanto as positivas, como a negativas. Claro que tua mãe e Júlia já possuem uma comunhão especial, mas os teus apelos fazem com que ela se sinta cada vez mais apegada à menina, e ela não agia assim antes. Muito embora no nosso meio espiritual vejamos sempre com certa reserva interferir nos sentimentos dos encarnados, acredito que a tua influência seja muito positiva, por isso mesmo é permitida.

Ao me ver ansiando por novas explicações, ele continuou:

— Já deves ter percebido aqui, Clara, irmãos que desencarnam e tentam, de todas as formas, ficar perto de seus entes encarnados. No umbral não temos toda a vigilância que aqui temos, mas nossa missão aqui é também sempre a do amor. Muitos são os que preferem ficar presos à crosta terrestre, alguns por medo, outros por ignorância, e muitos são também os que buscam lá desafetos antigos ou recentes, e como a energia deles encontra forças nos sentimentos dos encarnados, eis aí um vínculo difícil de quebrar. Por isso, assim que chegam aqui, a maior parte das pessoas é incentivada a cada vez mais descobrir o

mundo espiritual, aproveitando assim a chance que o Senhor nos dá de sempre crescermos como indivíduos.

Pela minha mente passou então séria interrogação:

– *E por que Deus permite, Marcos, que influências negativas interfiram na vida dos encarnados?*

Ele me pareceu olhar ao longe, para a paisagem que se descortinava diante de nossos olhos:

– *Nada é assim tão simples, Clara. E o Senhor é justo e bom, muito mais do que podemos entender. Colhe-se o que se planta, e um bom pai não incentiva o filho mau a continuar a praticar atos que o prejudiquem; importante seria para nossos irmãos da Terra entenderem que devem sempre disciplinar os maus sentimentos, como a inveja, a luxúria, a ira, que manter o coração puro combatendo os maus instintos ainda é a melhor defesa contra influências negativas.*

Continuou, então, após sentido suspiro de desalento:

– *Não são poucos os que chegam aqui obsediados, presos em suas próprias redes. Não os julgo, pois sei que também já fui assim. Quando nos lembramos de outras existências também nos lembramos de antigos erros, e nada então nos parece injusto ou mau. Quantos são os que chegam aqui acreditando-se vítimas do destino, ou ainda injustiçados, e, ao tomarem ciência dos seus feitos anteriores, calam--se, entendendo enfim a suave lição de Deus. Aprende-se pelo amor ou pela dor, como tu bem o sabes. Mas pelo amor o aprendizado é mais rápido e mais duradouro.*

Olhou-me então com renovado carinho:

– *É preciso apenas que tenhas fé, Clara, nos desígnios de Deus. Júlia tem uma linda missão sobre a Terra, e para essa missão não é necessário que ela passe pela prova da pobreza. Devemos sempre levar em conta o aprendizado do espírito ao longo do tempo, que é o que realmente importa, não são poucos aqui os que deparam com a fome ou o abandono, mas esse tipo de acontecimento, quando suportado com*

abnegação e fé, molda o caráter do espírito, fazendo-o mais humilde, mais caridoso e mais perto de Deus.

Pensei então em minha própria vida terrena. Também não tinha experimentado privação financeira. Marcos sempre me auxiliou quando meu coração de mãe se via apertado em preocupações por ti, Júlia. Afinal, pelo pouco que já tinha notado da índole de Amélia, percebia dias difíceis à frente de ti e de Carlos.

Pedi então a Marcos que me acompanhasse à tua casa, para assim perceber como ias indo; do lado de fora, minha antiga casa parecia como sempre, e eis que adentramos a nossa sala para apreciar melhor o que lá se passava. Meses depois do casamento de teu pai, pude perceber diferenças significativas nos tapetes, móveis e cortinas. Ao canto da sala, tu estavas sentada, olhando a rua através da janela, com o pensamento bem longe dali. Está ficando uma moça, a minha pequena Júlia, e no teu rosto pude perceber alguns sinais de preocupação em fina ruga vincando-te a testa.

Mal tínhamos chegado, entra pela porta que levava à cozinha a nossa querida Nana, essa sim com a expressão bastante exasperada. Vendo-a assim, inquieta, tu ainda tentaste ajudá-la com um sorriso, e a pergunta costumeira:

– Que houve dessa vez, Nana? Pareces mais aborrecida que de costume.

Limpando as mãos no avental, ela aproximou-se de ti.

– E não é pra se aborrecer? Quando tua mãe era viva, esta casa era um lugar de paz, mas agora... é um entra e sai de arrumadeiras e jantares para receber conhecidos que parecem ser do mesmo tipo de tua madrasta. Tudo gente de nariz em pé, chego a ficar um tanto apalermada com esse entra e sai de gente, cada um pedindo uma coisa diferente.

– E vai haver algum jantar hoje?

Nana então sentou-se à tua frente, com o humor já um pouco apaziguado:

– E não há quase sempre, menina Júlia? Parece que vêm jantar aqui alguns amigos com quem o teu pai deseja ter sociedade nos negócios.

Vi então em teu rostinho certo ar de contrariedade. Esses jantares eram frequentes, e muitas vezes significavam rumores noturnos pela casa, regados sempre a muita bebida.

Notei então que, a meu exemplo, tu também não gostavas de festas ruidosas. Fiquei com pena de Nana, que era briguenta quando entravam em sua cozinha, e que agora tinha de suportar a carga extra de pedidos de Amélia, e ainda lidar com as encomendas que sempre chegavam de lojas finas de doces e salgados.

– Vovó e vovô virão?

– Até parece que a menina acha que vêm mesmo. Não sabes que tua avó não se dá bem com a tua madrasta? E, depois, tua avó é de outro meio, "dama fina" mesmo, nada como essas "biscas", mulheres de baixa educação, que aparecem por aqui.

Frágil suspiro saiu então de seu peito, Júlia.

– Pois então, Nana, mais à noitinha vou estar em meu quarto. Tenho mesmo um bom livro para ler e deveres de escola a fazer. E depois, papai não gosta que eu me misture a essas festas, diz que são assuntos de adultos e que ainda sou muito criança para entender.

– E faz muito bem, Júlia. Já servi em festas assim e, se pudesse, estaria era sossegada no meu canto também.

Ao vê-la assim desanimada, perguntaste:

– Desejas alguma ajuda com as coisas, Nana?

– Não. Só estou me sentindo velha demais para toda essa "fuzarca". As juntas me doem, não consigo mais pegar peso como antes. Coisas da idade, filha, que só quem tem entende.

Amélia adentrou carregada de embrulhos. Pude notar as vestes dela um pouco justas demais; ainda assim, se encontrava elegante, com seus saltos altos tamborilando pela casa.

Tinha ares de senhora, aquela moça, e, vendo-te na sala, dirigiu-se logo a ti:

— Anda, Júlia, que estamos com o carro carregado de embrulhos para a recepção de hoje. Corre lá e ajuda Malvina a trazer o resto.

Prestimosamente atendeste-a, correndo para ir buscar no carro alguns embrulhos que realmente estavam por lá. Dando com ela na sala, perguntaste:

— Para que é essa reunião de hoje?

Amélia te olhou um tanto aborrecida:

— Como se uma criança como tu fosse entender esses assuntos. Esta reunião é para conseguir novos investidores para a firma de teu pai, que anda bem precisada de ajuda. Acha que tudo isso cai do céu? Temos de ajudar teu pai a manter as aparências.

Tal resposta te calou de pronto. Não tinhas muito ideia do que fossem "as aparências" a que Amélia se referia, mas sabias que teu pai fazia tempo que estava aborrecido, e se antes era carinhoso contigo, agora parecia cada vez mais sério e preocupado. Era verdade, nada entendias desses negócios de adulto a que ela se referia, mas também não conseguias entender o porquê de tantos gastos, já que de acordo com algumas coisas que andavas escutando de tua avó e de Nana, financeiramente teu pai já não andava bem.

Malvina, a arrumadeira, entrou carregando novos enfeites para a mesa de centro da casa, e Amélia virou-se então para ti, que olhavas para todas aquelas compras bastante confusa.

— Anda, Júlia, vem, ajuda-me com esse embrulho aqui, que quero te mostrar o vestido que mandei a modista fazer especialmente para a noite de hoje.

Isso feito, abriu então enorme embrulho, e de dentro dele tirou um longo vestido, com drapeados como era a moda de então. Vermelho, com alguns apliques bordados. Parecia, sem dúvida caro, mas para o teu gosto, um pouco decotado demais. Vivendo desde cedo com a tua avó e indo com ela sempre ao centro para fazer compras, sentiste que era o tipo de vestimenta que não agradaria a ela. Mas calaste e disseste apenas:

– É de fato parecido contigo, Amélia.

Ela deu um sorriso de animação, já antevendo os olhares cobiçosos dos homens e das mulheres que estariam presentes. Não foi então sem susto que deparei com um vulto de ar vitorioso que a seguia desde a porta. Valerie sorria para si mesma e olhava o vestido com ares de intensa aprovação; parecia, apesar de tudo, ainda não ter se dado conta de minha presença em razão da diferença de vibrações, e pude notar seus sentimentos de inveja profunda.

Marcos, que como eu a tudo observava, puxou-me de leve para um canto, onde podíamos observar a cena sem que Valerie nos notasse. Não me contendo, perguntei a ele:

– *Marcos, será que Valerie não influenciou Amélia com semelhante roupa?*

Ele me sorriu e comentou em tom baixo:

– *Notas, então, como o vestido possui o estilo de Valerie, não?*

Lembrando-me então do passado, fui obrigada a concordar. As duas realmente tendiam para o mesmo tipo de gosto. Mas o olhar de Valerie sobre a roupa não me agradou nem um pouco. Seguia Amélia pela casa com ares de escárnio, o que me deixou imensamente preocupada. Marcos, vendo a minha confusão mental, esclareceu-me:

– *Sim, Clara, as duas possuem algumas características em comum. Mas a encarnação de Valerie foi bem mais difícil que a de Amélia, e*

ao ver agora a outra no luxo que desejava para si, tem atrapalhado bastante a vida do casal, sem que eles se apercebam.

– Ela está sempre por perto, Marcos?

– Não sempre, mas bastante. Instiga brigas entre eles, e Amélia não nota o quanto a outra a influencia, e tendo as duas os valores bastante parecidos, as mensagens enviadas por Valerie encontram a sintonia certa.

Calei-me, já bastante interessada no que ele me havia descrito. Não pude evitar sentir uma imensa pena de Valerie.

– Não podemos ajudá-la ainda, querido? Parece-me bastante cruel que ela continue por aqui enquanto nós desfrutamos da paz da colônia.

Ele me sorriu, aprovando-me. Mas observou:

– Se quiseres, podemos tentar falar com ela. Queres ver o que acontece?

Dito isso, passou para a ação e, segurando-me a mão, saímos então de nosso "esconderijo". Ao nos ver, o semblante de Valerie se transformou em fúria, e ela, que já estava bastante pálida, fez-se ainda mais lívida, assumindo então um aspecto digno de pena e de medo.

Notando-lhe a reação, tentei me aproximar e conversar com ela, atitude que não foi de forma nenhuma bem recebida.

– Que fazes aqui, Clara? Acreditas que podes proteger essa senhora?

– Não tenho a intenção de proteger Amélia, Valerie, mas gostaria sim de falar contigo. Noto que não estás bem, posso ajudar-te em algo?

Dura gargalhada ecoou pela sala. Senti desde logo uma vibração que mais parecia perto da insanidade.

– Até parece – respondeu-me – *que a dama da sociedade que sempre teve vida de princesa pode me ajudar em alguma coisa... O que entendes do que eu passo, ou do que qualquer moça pobre como*

eu passou? Para ti, as coisas sempre foram fáceis, ao passo que tive que lutar muito para ter algo. Mas, esta aqui – e apontou para Amélia – *é mais parecida comigo. Carlos não perde por esperar e ainda vai se arrepender muito por não ter ficado comigo.*

Dito isso, foi se afastando rápido, deixando-me realmente consternada. Marcos, com sua natural seriedade, me abraçou os ombros e disse:

– *Nada temas, Clara, mesmo ela um dia verá as mensagens de Deus. Depende apenas dela.*

Fizemos então ardorosa oração para que esse tempo não demorasse muito para Valerie. Enquanto isso, podíamos escutar Amélia dando risadinhas de satisfação ao abrir os pacotes, sem perceber o quanto, com pequenas atitudes diárias, poderia estar se aproximando da dor.

Sabendo que Marcos possuía outros afazeres, pedi a ele que me deixasse um pouco mais. Ele me olhou com certa preocupação:

– *Acreditas que podes ficar bem aqui sozinha, Clara?*

Olhei para ele como uma menina olha para seu tutor:

– *Claro, meu querido. Afinal, já sei perfeitamente o caminho de volta.*

Ele me sorriu com aprovação e então se foi. Para nós, espíritos, a locomoção é infinitamente mais simples do que quando estamos encarnados. Faz-se a nossa locomoção por simples força do pensamento. Não é raro encontrarmos espíritos desencarnados recentemente que se assustam com isso, pois não raras vezes pensam no ambiente familiar terreno e logo se veem transportados a ele. Difícil mesmo é quando eles se julgam "presos" a determinados lugares, por meio da culpa ou do medo. O espírito que possui fé no Senhor e arrependimento nunca está preso a lugar algum, muito embora essa compreensão às vezes demore por muitos anos para ser adquirida.

O Senhor não pune, Júlia, o Senhor ensina. E é sempre um braço acolhedor para os que creem Nele. Preocupada contigo, segui para o teu quarto, onde te encontravas agora pensativa diante da janela. Vi minha foto à cabeceira de tua cama, o quarto de mocinha, que embora feminino me parecia bastante austero, e acerquei-me de ti em longo abraço de mãe.

Imensa surpresa tomou conta de mim quando a vi sussurrar:

– Estás aí, mãe?

Com os olhos rasos d'água consegui responder:

– *Sim, minha Júlia, aqui estou. Sempre que posso estou aqui. Nunca estarás só...*

Vi no teu rostinho já bem bonito, em parte infantil e em parte adulto, um sorriso luminoso, e pus-me a pensar em qual seria a sua missão sobre a Terra. Pude perceber pensamento divertido que passou pela tua cabecinha, e depois, como se censurasse um pouco, tu disseste:

– Se minha avó me visse com esse tipo de comportamento, ia ser um "Deus nos acuda"!

Divertida, foi então folhear uma revista feminina, e ficou lá entretida com as novidades de sempre. Pensei então em minha mãe, e fui vê-la. Na casa de meus pais senti como sempre um certo conforto, que me levava à infância. As árvores na frente a casa, cada dia mais frondosas, o cheiro vindo da cozinha. Vi minha mãe sentada diante da mesa da copa, ocupada com as contas da casa.

Examinava tudo com a natural competência. Sempre admirei minha mãe nesse ponto, pois ela é tudo o que eu não era em matéria de organização. O cabelo preso ao alto da cabeça deixava ver o fino pescoço e, apesar das marcas do tempo, a pele bem cuidada, branca e os grandes olhos. Terminada a sua tarefa, vi-a chamar uma empregada nova, que eu ainda não conhecia, e entregar a ela o dinheiro certo para as compras do armazém. Acerquei-me dela com carinho e pude sentir o perfume que dela emanava.

– *Consegues me ouvir, mãe?*

Não. Não conseguia, manteve seu olhar distante, e um certo cansaço transpareceu em seus olhos. Pude ver meu pai chegando, descendo do carro auxiliado pelo motorista, bem defronte ao nosso jardim. Vinha ele com seu natural vigor e o andar compassado e elegante. Nele, sim, as marcas do tempo apareciam. Depois de beijar minha mãe no rosto, sentou-se perto dela, como a esperar pelas notícias do dia. Ela não o deixou esperar:

– Já sabes da festa?

Vi meu pai franzir o cenho. Com certeza preocupado de ter se esquecido de alguma data importante.

– A que festa te referes, minha querida?

– A de hoje, na casa de Júlia.

Logo entendendo aonde ela queria chegar, respondeu:

– Na certa, outra das festas de Carlos, com certeza.

Minha mãe balançou a cabeça, em franca desaprovação:

– Lembro-me dele caçoando de nossa Clara, por ser comedida demais. Com essa nova esposa ele não poderá reclamar disso. Na modista onde faço as minhas roupas, o comentário era só este: a nova mulher de Carlos e a quantidade de vestidos que encomenda por mês. Calei-me diante da modista, mas cá comigo desejei que ela recebesse o dinheiro por todas aquelas encomendas.

– Continua então gastando muito aquela senhora?

– Sim. Cada vez mais, parece que tenta de toda forma se recompensar de um passado não tão cheio de regalias como agora.

Meu pai levantou-se e apoiou a mão na janela, olhando pensativamente para o jardim. Por fim, disse:

– Sei que Carlos te decepcionou um pouco com seu comportamento com Clara. Mas, sinceramente, sinto pena dele. Um homem que não possui uma mulher com a cabeça firme entre os ombros, como é a tua, pode padecer de alguns aborrecimentos.

Minha mãe aceitou o elogio com um aceno de cabeça. Pude sentir que havia entre os dois a mesma energia que sempre os acompanhou: os dois gostavam-se de fato, e tinham os valores morais bastante parecidos, embora meu pai, devido à vivência, fosse um pouco menos preconceituoso. Minha mãe tornou a comentar:

– Temo por Júlia. Já me disseram que o ambiente dessas festas não é recomendável. Aparece na casa deles todo tipo de pessoa, artistas e outro tipo de gente a quem não receberíamos de forma alguma. A menina pode sofrer influências negativas. Esse desregramento não é para nossa Júlia.

Meu pai sacudiu a cabeça, enquanto massageava a nuca:

– Acontece, mulher, que não podemos tirar Júlia dele assim. É filha dele, e ele possui o direito de educá-la como quiser. E, depois, não acredito que Carlos vá deixar Júlia circular entre pessoas que não aprovamos. Ele pode ter muitos defeitos, mas ama a filha com paixão.

– Ainda assim, essa situação preocupa-me.

– E deve preocupar-te mesmo. Numa cidade como a nossa tudo se sabe, e é público que os negócios de Carlos não vão bem. Encontrei-me com ele há alguns dias, no passeio público, ele me garantiu que está cheio de esperanças e que procura novos investidores para a firma. Essas festas têm também esse propósito.

Minha mãe deu um sorriso amargo:

– Os comentários não poderiam ser piores, Amadeu. As pessoas frequentam a casa, mas não vão para lá com boas intenções, e o que é pior: Carlos está alimentando sua vaidade, mas

esquece que esse tipo de pessoa é gentil em festas, mas na hora da penúria desaparecem todos.

Meu pai teve de reconhecer a sabedoria mundana das palavras de minha mãe. Tinha visto casos assim durante toda a sua vida, por isso mesmo não aprovava reuniões desse tipo nem delas participava. Homem sério e centrado em seus deveres, embora fosse muito procurado, declinava sempre dos convites feitos, com isso conquistando a fama de ser arredio ao convívio social. E minha mãe nunca desaprovou esse tipo de comportamento.

– Na situação em que nos encontramos, cumpre-nos esperar – disse ela –, afinal, creio que deveríamos nos aproximar ainda um pouco mais de Júlia, que está quase uma mocinha, e logo entenderá melhor as coisas que a cercam.

Acerquei-me então de minha mãe, e pedi-lhe:

– Estás certa, minha mãe. Não abandones Júlia, que ela ainda precisará muito de ti.

Pude então notar nela um suspiro leve. Ela calou-se e, perdida em seus pensamentos, foi até a janela, ficando assim mais próxima de meu pai:

– Às vezes sinto, Amadeu, que nossa Clara nos escuta. Por vezes chego a sentir o vulto dela por perto. Não abandonaremos Júlia, por mais que Amélia nos trate friamente quando vamos visitá-la. Hoje mesmo, ao cair da tarde, devo ir vê-la e certificar-me de que tudo está bem.

– Acredito que assim ficarás mais tranquila, então vai. Mas cuida de não ficar até tarde, se não queres te encontrar com pessoas desagradáveis.

– Fica sossegado, querido, sei muito bem como agir nessas situações.

Vigésima mensagem

Considerações sobre a caridade, laços de sangue e as palavras do Cristo

Na mesma tarde, minha mãe passou das palavras à ação. Trajada com a atenção costumeira, desceu a rua em direção à casa de Carlos. Eu, perto dela, acompanhava-lhe os movimentos e pude observar quando ela bateu à porta da casa que antes tinha sido minha, de forma decidida, em três rápidas pancadas.

Malvina, a arrumadeira, não demorou muito a atender. Vendo-se diante de tão fina dama, que ainda não conhecia, imaginou que se tratava de convidada para a festa, e logo disparou:

– A festa só começa mais tarde, minha senhora, depois das sete...

Pude notar o resoluto queixo de minha mãe se erguendo, e a voz falando firme com a moça.

– Vim ver minha neta, Júlia. Ela se encontra?

A moça continuou parada, um pouco obtusa e sem saber o que fazer. Nana, que vinha chegando da cozinha limpando a mão em seu avental costumeiro, salvou a situação:

– Dona Lúcia! Que bom vê-la! Veio ter com Júlia?

Ao ver Nana, minha mãe imediatamente abriu um sorriso. Ficou bastante aliviada e começou com os cumprimentos costumeiros. Não pôde se furtar de deixar de observar a decoração da casa, tão diferente de como se lembrava, e levantando as sobrancelhas indagou logo por ti, ao que foi levada prazenteiramente escada acima, rumo ao teu quarto.

Chegando ao teu quarto, vendo que se mantinha da mesma forma de sempre, deixou escapar um comentário de alívio. Sempre me diverti muito, Júlia, com este jeito de tua avó: nascida em ambiente rural, mas fino, ela sempre teve este porte de dama, ou de rainha, como dizia o meu pai. O queixo sempre levantado e o olhar perspicaz sempre fizeram parte da personalidade de minha mãe, que podia também ser muito doce, quando queria.

Muitas vezes, enquanto encarnada, tive receio de minha mãe. Alguns bem fundados, outros nem tanto, mas o que via agora era uma senhora abrindo-se no maior e mais doce dos sorrisos ao ver-te deitada de bruços em tua cama, lendo um livro de romances. Contigo, o lado doce de minha mãe sempre vinha à tona, e era interessante notar como ela, apesar do passar dos anos, ainda era tão parecida contigo fisicamente. Um estranho, vendo ambas, poderia pensar que se tratava de mãe e filha, pois tu sempre foste crescida demais para a idade, e tua avó, nem de longe aparentava a idade que tinha, apesar do grisalho dos cabelos cada vez mais acentuado.

Puseram-se as duas a conversar animadamente, como se não estivessem longe uma da outra já por alguns meses. Pude notar em minha mãe a culpa que se instalou em seus olhos, pois

desde o casamento de Carlos ela tinha se mantido longe. Mas, ao vê-la, todas as reservas naturais dela foram por terra, e ela pensou, resoluta, na vontade que tinha de levá-la dali. Justamente por isso, perguntou:

– Tu te sentes feliz aqui, Júlia? Não preferirias morar comigo e com teu avô?

– E deixar meu pai, avó? Não sei se ele ficaria feliz longe de mim.

Tua avó disfarçou logo a contrariedade, mas não pôde deixar de argumentar:

– Teu pai está agora em novas núpcias. Creio que se sentiria bem apenas na companhia de sua nova mulher, e, depois, eles podem ter mais filhos. Eu e teu avô temos apenas a ti.

De forma surpreendente, tu comentaste:

– Não vejo filhos na vida de meu pai e de Amélia, avó, pelo menos não tão cedo.

O cenho de minha mãe franziu-se:

– Como podes dizer isto, Júlia? Estão casados há pouco mais de seis meses, é possível que aquela senhora deseje filhos.

Tu sorriste de forma brejeira:

- Já a ouvi comentando mais de uma vez do incômodo que seria um bebê. E, depois, ela teme perder as formas do corpo.

Minha mãe então comentou, inteligentemente:

– Sim, é verdade, já notei que a moça em questão tem outros interesses.

Continuaram as duas então falando de amenidades, e pude observar Nana, perto da porta, sorrindo em aprovação. Olhei para minha antiga babá com cuidado, e pude observar, não sei se por intuição ou qualquer outro dom, que suas energias se encontravam baixas, notei-lhe o peito envolto em um embaçamento. Preocupada, chamei logo por Marcos, que veio a mim com um sorriso amigo:

– Não te cansas de estar aí, Clara? Lembra-te que temos muito a fazer, e esta tua visita está se estendendo muito.

Sabia perfeitamente de minhas obrigações, por isso não revidei, mas indaguei logo:

– Marcos, que é aquilo no peito de Nana?

Ele olhou detidamente, como se forçando a vista, e então me respondeu:

– É possível que Nana possa logo estar conosco, Clara. Aquilo significa que alguns órgãos vitais não estão funcionando como deveriam.

Uma confusão de sentimentos invadiu-me o peito, Júlia, e olhei para minha querida Nana com um misto de alegria, por tê-la de novo por perto, e um misto de apreensão, por sabê-la já doente. Acostumada desde muito cedo com ela, sempre acreditei que Nana jamais desencarnaria, mas a verdade é que ela já estava criando a sua segunda geração de mulheres da minha família.

– Acreditas que ela sofrerá muito, Marcos, no desencarne?

– Creio que não. Nana é vitoriosa desde já, pois as provas que ela escolheu passar foram todas bem cumpridas, e sua fé em Deus nunca esmoreceu. Vê, Clara, ela nasceu negra, num período em que o racismo é vigente, e pobre; poderia ter seguido caminhos diferentes, como seguem tantas pessoas como ela, mas decidiu-se por servir sempre. Nunca reclamou de sua condição social, nem desejou ter o que não fosse seu de direito. Foi uma daquelas pessoas abençoadas e sem a mácula da inveja no coração, mas há de entender que Nana já passa bem dos setenta anos. Acredito que a missão dela esteja no fim por aqui.

Como explicar, Júlia, o que sentimos no plano espiritual quando um de nossos queridos volta à nossa casa? Grandes são a nossa alegria e a nossa saudade, enquanto na Terra os enterros seguem-se tristes. Encarnados, esquecemo-nos sempre que a

Terra não é o nosso verdadeiro lar, e sim um campo de abençoadas provas. Mas, aqui, sentimo-nos tão bem que muitos de nós temem o renascimento, onde ficarão novamente expostos ao vícios e maldades que ainda existem na Terra.

Conversei mais tarde longamente com minha mãe, inspirando-a, pois já que Nana não demoraria a vir, eu a queria perto de ti. Mas logo fiquei ansiando por ter Nana novamente por perto, e fazendo planos para mostrar-lhe o mundo espiritual da mesma forma que ela um dia tinha me mostrado a Terra.

Dessa forma, voltei à colônia, pois, ao contrário do que se pensa, é grande a quantidade de tarefas a ser feita por lá. Vamos também muito a palestras e encontros, e estes são bastante necessários para que nos firmemos em nosso aprendizado. O Senhor Jesus é sempre amplamente citado, assim como outros espíritos muito evoluídos que habitaram o planeta. Mas, quanto mais estudo a vida de Jesus, mais vejo a grandiosidade de sua verdade, é um estudo rico em perdão e humildade, bem de acordo com o que vivemos aqui. Não há como julgar qualquer pessoa quando nos lembramos de nossas existências passadas, pois aquele que julga hoje o ladrão, ou o avarento, pode bem ter sido assim, ou até pior em existências anteriores. Logo, a humildade passa a ser a mais terna das verdades. Mas os espíritos evoluídos não ficam sempre reprisando os mesmos erros: sabem que cada um sobre a Terra tem seu tempo, e que as coisas naturalmente seguem o seu caminho.

Algo me diz, Júlia, embora não me contem abertamente, que tu eras extremamente querida por aqui. Ao me conhecerem nas palestras, acompanhada de Marcos, eles me perguntam se eu sou a tua mãe. Quando respondo afirmativamente, geralmente se abrem no rosto deles sorrisos de aprovação, e alguns de saudade. Tens por aqui, embora não saibas, numerosos amigos. Só espero que o teu companheiro te acompanhe também nesta tua encarnação, a fim de que possam crescer juntos.

Marcos, que é mais bem informado que eu nesses mistérios, quando perguntado apenas me sorri, pega a minha mão confortadoramente e me diz:

– Tudo a seu tempo, Clara. E, depois, o futuro ninguém sabe, não é mesmo?

Olho para ele um tanto emburrada, pois bem sei que se o futuro a Deus pertence, também sei que algumas coisas já são determinadas, conforme o caso. Sei de pessoas que encarnam juntas não só por simpatia, mas por profundos laços de amor e afeto, assim como as que reencarnam juntas na tentativa de serem amigas, já que se prejudicaram bastante em outras encarnações. Essas tentativas nem sempre dão muito certo. Na Terra, às vezes presenciamos pais que matam filhos, ou os maltratam, assim como filhos que abandonam pais ou mesmo os ferem – quando não matam também. Olhamos para esses casos com certa tristeza, pois sabemos que muitas vezes, quando se encontravam aqui, tinham decidido se perdoar, só que sucumbem às más influências assim que postos à prova.

Não é raro também irmãos de sangue que tenham uns pelos outros forte afeto ou forte aversão; às vezes, os laços de sangue conseguem abrandar os ressentimentos passados, às vezes não. Fui filha única na minha recente encarnação; logo, não sei muito bem como isso se desenvolveria, mas algumas vezes me senti só sobre a Terra e pensei que gostaria imensamente de ter irmãos. É bobagem tudo isso, minha Júlia, irmãos são aqueles a quem amamos por afinidade, logo a humanidade deve ser sua irmã, como o Cristo bem nos ensinou.

Continuei por algum tempo indo com Marcos, algumas vezes por semana, a socorro de espíritos atormentados, quando eles finalmente buscam ao Senhor. Sim, Júlia, infelizmente, não temos o poder de espalhar a fé como se ela fosse uma mágica. Cada um a adquire conforme seu tempo. É triste notar como alguns ficam tão perdidos, muitos são os que negaram Deus por orgulho, presunção ou medo. E, no entanto, quando desencarnam e veem o mundo espiritual, continuam negando e, assim, negando a eles mesmos a oportunidade de aprendizado e de paz.

Temos aqui também, minha querida, alguns desencarnados que até tinham fé no mundo espiritual, mas desencarnam sempre conforme a pureza de seu coração. Olívia, um bom espírito com aparência de menina que temos por aqui, os conforta de maneira doce e firme. O que intriga Marcos é que estes, chegando aqui, continuam muitas vezes embaçados de orgulho e vaidade, acreditando num Deus vingativo e mau. Quando deparam com a verdade das muitas encarnações, perdem um tempo precioso, achando que estão sendo enganados ou julgando-nos "demônios" que os tentam levar para longe de sua verdadeira fé. Nisso, é compreensível que Marcos, que não alcançou ainda uma certa evolução espiritual, acabe por se irritar com esses espíritos. Olívia apenas sorri com seu ar brejeiro e explica que devemos ter calma e paciência com eles, pois, ainda que um tanto orgulhosos, também pregaram a palavra de Deus e fizeram, de uma forma ou de outra, a caridade.

Observamos muitas vezes que algumas pessoas fazem a caridade com o intuito de parecerem melhores do que realmente são e assim se firmarem socialmente na Terra. Nisso também o nosso amado Cristo nos ensina "que o que a tua mão direita faça, que a esquerda não saiba". Mas acredito que, ainda assim, esses espíritos de alguma forma ajudaram. Triste mesmo é quando notamos a caridade feita com intuito de humilhar o próximo: isso sim nos agride e nos fere. É preciso notar sempre que o que vale é o que há no coração. Logo, a mais pura das virtudes, que é a caridade, deve ser feita de forma a enobrecer o que necessita de ajuda e tentar restabelecer seu conceito próprio. Não deve nunca ser feita de forma autoritária ou menosprezando o próximo. Isso, aqui chamamos de ignorância ou hipocrisia.

Minha adorada Júlia, tenho aprendido muito por aqui, e algumas dessas verdades eu já intuía. A verdadeira caridade é alegre e desprendida, e isso, pude notar, é difundido na maior parte das religiões. O Senhor Deus não se colocaria em um só lugar do planeta, e enviou seus profetas com seus sábios ensinamentos a cada canto desta Terra. É claro que, como cada povo tem seus valores e seus costumes, os profetas foram enviados assim, de forma e a se comunicar plenamente com eles e a entrar no coração deles, portanto, não devemos ter preconceitos com outras religiões Júlia, nem nos achar superiores ou qualquer coisa assim. Deus é poderoso, e no fundo da maior parte das religiões existe sempre o princípio do amor ao próximo, ainda que nem sempre entendido ou muitas vezes deturpado.

Nisso reside o "não julgais para não serdes julgados" do Cristo. Somos apenas pequenos grãos de areia de uma praia que se estende para muito além de nossas muitas existências. Mas que grãos de areia luminosos podemos ser!

Vigésima primeira mensagem

A verdade começa a vir à tona

Perdida que estava em meus afazeres daqui, e sabendo minha mãe cada vez mais próxima de ti, deixei-me ficar longe por um tempo razoável, embora estivesse em pensamento tão próxima como sempre. Muitas foram as vezes em que fui ver-te dormir, e muitas também foram as vezes que visitei teus sonhos, e conversamos longamente. Pude notar que nesses dias tu acordavas bem mais tranquila, Júlia, e não raras vezes olhavas o meu retrato. Mas teu dia a dia estava longe de ser fácil, com os embates diários que havia sempre em tua casa.

Ao contrário do que fazem muitas moças, nunca te queixaste para tua avó. Sempre achei isso estranho, pois é comum que as moças desabafem com as avós. Mas entrando em teu pensamento, pude notar que tinhas receio de deixar teu pai só. Notavas como ele se tornava cada vez mais taciturno e irritadiço. Muito embora no início do casamento tivesse se esforçado para ficar em casa, agora ele lá se sentia como um estranho, por isso, cada noite chegava um pouco mais tarde.

Acredito que no início tenha se apaixonado por Amélia, afinal, a moça é bonita fisicamente e fazia de tudo para agradar-lhe. Mulheres às vezes sabem ser perigosas, minha Júlia, muito embora não notem que a armadilha que elas preparam é também para elas. Mas, embora no início Amélia tudo fizesse para envaidecer teu pai, agora achava que isso não era mais necessário. Julgava-o já preso pelos laços do matrimônio, logo, mostrava sua verdadeira face.

A paixão, querida Júlia, que tanto vemos na Terra, pode parecer forte, mas na realidade trata-se de imensa escultura que afunda com seu próprio peso. Carlos, o meu querido amigo, tinha se apaixonado por uma moça que ele julgava culta e inteligente pelos comentários mordazes que fazia, bonita e apegada aos costumes terrenos; porém, com ele, ela não mostrava seu real temperamento, que era extremamente mal-humorado. Tinha Amélia o costume de dormir altas horas da noite e levantar-se pelo meio do dia. Tinha verdadeiro amor pelas festas e reuniões, nas quais se julgava admirada e requisitada. Enorme engano, pois nesse meio social o que existia de fato eram bajulação e falsidades. Não vi no meio que Amélia frequentava nenhuma amizade realmente verdadeira, mas suas festas, regadas a finos vinhos, eram sempre disputadas.

Carlos, que de início tinha se deslumbrado com tamanho "traquejo social" e com os comentários dos amigos sobre sua "bela e nova esposa", agora, alguns anos depois, já se encontrava realmente fatigado.

Entrando na casa dos cinquenta anos, já tinha visto reuniões demais, pessoas em excesso e começava a querer desfrutar da paz no lar. Tive realmente pena dele, pois teu pai sempre teve

um bom coração e, ao vê-lo agora taciturno, sentindo-se um estranho em sua própria casa, não pude deixar de me condoer.

Acontecia que, quando Amélia, geralmente mal-humorada, abria um de seus sedutores sorrisos, Carlos já estremecia: sabia perfeitamente que viriam logo os pedidos de mais vestidos e mais joias, que havia muito ele não tinha como pagar. Bem relacionado e mesmo querido por alguns amigos influentes, ele tudo fazia para satisfazer os luxos de que Amélia tanto necessitava para manter a paz doméstica, mas promissórias e algumas letras atestavam sua real situação.

Logo, decidiu-se por ficar em casa mais nos momentos em que Amélia dormia, ou nos que ela saía com as amigas, e seu único alento, nesse período, foste tu, Júlia, que andava silenciosamente pela casa com o intuito de não chamar atenção, mas sempre se dispondo a fazer companhia a teu pai. Mesmo que não soubesses muito o que conversar com ele, dada a diferença de idade e de valores, descobriste nele a grande paixão pelo jogo de dominó, e assim passaram algumas tardes em finais de semana, para desagrado de Amélia, sempre ciumenta contigo.

Dessa forma seu pai estava emagrecendo bastante, e notavam-se já nele os efeitos que a bebida a longo prazo deixava. A pele, antes bem clara, agora já mostrava pequenos vasos sanguíneos em rompimento, dando-lhe uma aparência um tanto doentia. A bela casa onde morávamos estava já hipotecada, e ele sabia perfeitamente que dali a poucos dias ele teria de deixá-la. Ele gostaria, é claro, de falar com Amélia, mas acreditava que ela faria tal escândalo que não se animava em fazê-lo. E tu, minha querida, vendo-o mais cabisbaixo que de costume, sentaste então ao lado dele e perguntaste de forma amigável:

– Algum problema, pai?

Ele te olhou tristemente:

– Nada com que uma mocinha de quinze anos tenha de se preocupar, são apenas os negócios, filha.

– Não vão bem?

– Não, infelizmente não vão.

Vi então em teu rosto, Júlia, alguma compreensão. Fazia muito tempo que tua avó falava das tolices que teu pai vinha realizando, e embora tu não fosses de tecer comentários, tua avó se exasperava de saber da situação de Carlos, com medo de que esta te afetasse. Teu pai então tornou a te falar:

– Acredito que tenhamos de nos mudar daqui, Júlia. Esta casa dá despesa demais, e Amélia precisa de muitas empregadas para mantê-la em ordem. Acredito que numa casa menor também os gastos serão bem menores.

Vi então olhares já com certa saudade para as paredes que tinham circundado a tua infância. És uma pessoa com poucos desejos materiais, mas aquela tinha sido a tua casa e a de Nana durante toda a tua vida, tinhas especial predileção pelo jardim, onde as rosas brotavam sempre, frutos do trabalho do zeloso jardineiro que teu pai contratava. Mas notaste que teu pai esperava teu apoio, e por isso respondeste-lhe:

– Acho que seremos bem mais felizes numa casa menor, meu pai, assim ficarei cada vez mais perto de ti, e Nana não reclamará tanto de subir escadas.

Carlos deu então um sorriso aliviado, pois temia também a tua reação. Durante toda a tua vida ele tinha tentado te dar um padrão de vida dos mais elevados, e doía-lhe o fracasso dos empreendimentos. Ele mal desconfiava da firme influência de Valerie durante todos esses anos; na realidade, nunca se lembrava dela, o que a enfurecia cada vez mais. Tu olhaste então para ele como que avaliando a situação, e perguntaste:

– Amélia já sabe?

O cenho de Carlos franziu-se, e ele comentou:

– Não. Mas haverá de saber, estou apenas aguardando o momento certo e, depois, ainda temos alguns dias.

– Acredito, pai, que ela deva saber o quanto antes. Sabes como ela é apegada às suas coisas. Ela vai querer tomar providências para a mudança.

Pude notar o constrangimento dele, que apenas murmurou "sim... sim..." e subiu as escadas rumo ao próprio quarto. Nana, que tudo escutava da cozinha, chegou à sala com ar preocupado:

– Isso num vai ser muito fácil pra seu Carlos. A mulher dele num vai gostar disso.

Após sentido suspiro de desânimo, tu respondeste:

– Eu sei, Nana. Mas devemos ficar ao lado dele para futuros desapontamentos. Afinal, é meu pai e desejo que essa diferença de situação não o abale muito.

– Tua avó bem que me avisou dessas coisas, aquela "gastação" sem limites tinha de dar nisso mesmo. Onde já se viu? Pelo menos duas vezes por mês vinham os convidados da "madame" pra cá; não há cofre que aguente!

– Acredito que papai vai enfrentar uma dura batalha com ela nesta casa. Mas não devemos julgar os outros, Nana, cada um sabe o que lhe convém, estou chateada com toda essa situação.

Pude ouvir o resmungo de Nana, resmungo que tantas vezes ouvi em minha vida e que revelava o estado de espírito dela:

– Pois sim, mesmo quando o dinheiro entrava já nem sempre eram flores, quero ver só agora que a fonte secou.

Dito isso, caminhou para a cozinha com as mãos no avental já bastante surrado. Preocupava-se a minha querida Nana com ela mesma, que por nunca ter recebido salário sentia-se realmente pertencendo à família, e agora temia por não ter onde morar em sua velhice. Pensou logo em minha mãe e tranquilizou-se.

Bem sabia que dona Lúcia não a abandonaria ao relento, muito menos permitiria que a neta adorada e única sofresse privações; logo estariam bem de certa forma. Seu Carlos é que tinha pela frente um difícil caminho.

Seguindo-a, e ainda acompanhando sua linha de raciocínio, deslumbrei-me com o senso prático dela, que logo que se acalmou e teve um pensamento não muito cristão, de que Amélia finalmente teria uma lição. Com isso sorriu de leve e continuou seus afazeres.

Minha querida Nana tinha natural aversão pela moça, que, aliás, perturbava bastante os seus dias quando insinuava a Carlos que semelhante criada de mais nada servia e pedia-lhe que se desfizesse dela. A isso, Carlos deu-lhe tamanho carão que ela nunca mais tocou no assunto, mas deixou claro que enquanto as visitas estavam na sala, não queria que aparecesse, que "ficasse na cozinha onde era o seu lugar".

Sentida pela sordidez de pensamento da moça, no final Nana acabou por ficar mais feliz longe das "sanguessugas" que visitavam a casa, e com isso se conformou. Mas a mágoa que sentia pela moça nunca arrefeceu.

Tinha tido uma vida difícil, a minha querida Nana. Ela tinha sido sempre o meu amparo emocional pela Terra, e seus mimos comigo se perpetuaram em ti, Júlia, a quem ela sempre olhou com desvelo e orgulho. Notava-a agora já encurvada pela idade e com as dores ao caminhar; a idade que demorou a aparecer em Nana se fazia notar agora, pela vasta cabeleira branca sempre presa com grampos no alto da cabeça.

Percebi então que nunca tinha visto Nana com outro penteado, e que seus pertences, poucos, todos eles, cabiam perfeitamente na pequena cômoda de seu quarto. Consistiam eles em alguns poucos vestidos – sempre muito limpos e bem passados –, um véu de ir à missa, negro e com franjas ralas, que tu mesma tinhas dado a ela de presente no ano anterior, um belo crucifixo de madeira na parede do mesmo quarto e uma única joia, a cruz de ouro no pescoço, dada por minha avó. Sapatos, Nana tinha três: um para a missa e dois para uso diário. Os pés já cansados e calejados com certeza prefeririam um bom chinelo, mas Amélia jamais permitiria isso, os empregados da casa tinham sempre de trajar a roupa de serviço e sapatos fechados, e Nana, embora não saísse da cozinha, não era exceção.

Havia muito que ela já não abria a porta para as visitas, e suas atenções eram sempre as mesmas: a comida e tu, Júlia, cujas roupas ela discretamente perfumava com lavanda e a quem observava com certa preocupação, pois já intuía que seu tempo pela Terra estava se escoando, lenta e progressivamente.

Tua avó passou a te ver todos os finais de semana, e não raro ela e Nana conversavam longamente. Sabendo já das dificuldades que esperavam Carlos, ela se perguntava qual seria a hora apropriada para falar com ele sobre tu ires morar com ela finalmente. Embora não contasse com boa situação, Carlos continuava orgulhoso e não aceitaria tal sugestão de pronto.

Pude notar quando Carlos, fazia pouco chegado da rua, caminhava pensativamente pela sala. Ele sabia que tu tinhas razão, e cumpria que ele informasse Amélia o mais rápido possível, pois grande seria a dificuldade de convencê-la a morar em lugar mais simples que o sobrado a que estava acostumada. Pensava ele na forma de abordá-la quando ei-la chegando da rua, carregada de mais e mais pacotes.

O cenho de Carlos fechou-se e o ar ficou carregado da energia que os dois emanavam. No fundo da sala, percebendo já o intento de Carlos, Valerie torcia as mãos em prazer, já prevendo

a discussão que se daria. Vendo Carlos em casa num horário pouco habitual, Amélia se acercou dele com o cenho franzido:

– Já em casa, meu querido? Aconteceu algo?

Carlos atravessou a sala, passando bem perto de Valerie, e serviu-se de um drinque, em fino copo de cristal que ornamentava a bandeja. Amélia sorriu com ironia e comentou:

– Bebendo a estas horas?

Ele finalmente olhou os numerosos pacotes, para em seguida fitar Amélia.

– O que tanto compras, Amélia? Que pacotes são esses? Não sabes que precisamos fazer economia? Já não te pedi isso?

– Não podes esperar, meu querido, que eu me vista de trapos, afinal temos compromissos assumidos com os Almeida, e não podia ir à reunião vestida como uma qualquer.

Carlos reparou então na mulher com quem estava já casado havia alguns anos: sempre fora vaidosa, e ele sabia bem disso. Vaidade essa que não impediu que ela ganhasse alguns quilos extras, que já a faziam parecer um tanto "matrona" para a sua idade. As festas e os chás a que sempre ia deixavam enfim sua marca, e Carlos, nessa hora, sem que se desse conta, lembrou-se de mim e da minha simplicidade, que sempre o irritara apesar da amizade que tinha nos unido enquanto estive com ele. Ele sorriu para si mesmo, e pude sentir seu pensamento: "Clara nunca precisava de nada disto, e no entanto era de família abastada, já Amélia...".

Mas não podia negar que de certa forma ele mesmo tinha incentivado tal comportamento, pois orgulhoso ficava ouvindo os comentários – nem sempre verdadeiros, ele agora sabia – de seus amigos sobre Amélia. A vida em sociedade às vezes assemelha-se a um redemoinho de pequenas intrigas e vaidades. Chegando enfim à maturidade, Carlos já não se sentia assim tão disposto a ir a reuniões: parecia-lhe ouvir sempre as mesmas palavras dos conhecidos, e os comentários a respeito de tudo lhe pareciam agora fúteis e sem sentido. Mesmo porque "os amigos", sabendo agora de sua situação, começavam a se afastar de modo discreto.

Ao vê-la falar da reunião na casa do casal Almeida, lembrou-se então da real situação de seu amigo que o convidara: parecia igual à dele, ou um pouco pior. Sentiu-se deprimido e nem um pouco disposto a ir a tal ambiente.

– Amélia, precisamos conversar. Algumas coisas vão mudar, a começar pelos teus gastos.

– Como assim? É verdade então o que dizem, que estamos em dificuldades?

– E quem te disse de nossas dificuldades, Amélia? Eu sempre te pedi apenas moderação, coisa, aliás, que não parece ser uma qualidade tua. Que foi que andaram te dizendo?

Vendo-se assim, pressionada, Amélia suspirou fundo e ergueu o queixo de forma ameaçadora.

– Acreditas de fato que eu nunca escute nada? Pois outro dia, entrando numa loja de tecidos, pude ouvir claramente quando duas conhecidas comentavam a respeito de nós, e de quanto tempo demoraria a que despencássemos da nossa posição social. Ao me notarem, ficaram pálidas, mas pude entender perfeitamente a que se referiam.

Ela continuou sua preleção, ficando já com a voz sensivelmente mais estridente, o que acontecia quando ela se irritava.

– Noto também que a modista não me trata da mesma forma. Da última vez que lá estive com uma encomenda para a última hora, ela se disse muito ocupada e com costuras demais a entregar. Propôs-me, imagine, que eu aguardasse algumas semanas para o feitio do vestido. Estranhei, pois ela sempre me tinha tratado com primazia. Achei primeiro que fosse maledicência,

afinal, moramos bem e tua firma tem um nome sólido, mas agora quero de fato saber, Carlos, o que anda acontecendo.

Valerie se divertia imensamente com a discussão. De tanto obsediar Carlos, sabia inclusive de suas dívidas de jogo, que ela tinha inspirado com tamanha frequência. Soubessem os vivos a influência que um desencarnado pode exercer sobre eles, prestariam mais atenção a Deus e se protegeriam mais. Notei por fim em Carlos um certo cansaço aparecendo em seu semblante. Era hora de dizer tudo, enfim, não haveria por que esperar mais.

– É bom que conversemos de fato, Amélia. Senta-te, por favor, pois o que tenho a te dizer pode ser duro para ti.

Vi então a cor fugir de seu rosto, enquanto ela seguia o conselho de Carlos. Assim fazendo, Carlos abriu, de sua elegante pasta de couro negro, uma repartição, e foi tirando enorme quantidade de notas, assinadas tanto por ele como por Amélia. Ela assistia a tudo compungidamente, pois via-se a sua assinatura claramente na maior parte delas.

– Tua modista está querendo dizer, de forma elegante, que não te quer mais como freguesa. Não a culpo, pois há seis meses não tenho tido como pagá-la. Pedi várias vezes que te comportasses de forma diferente, mas tu não me ouvias.

Ele continuou:

– Tuas amigas de fato tem razão, acredito que os maridos as tenham alertado sobre nossa real situação. Não me eximo da culpa, afinal, sou o chefe desta família, e há muito tenho tentado remediar as coisas. Mas, infelizmente, os negócios andam mal, e perdi o pouco crédito que ainda me restava na praça.

Ao ouvir tudo isso, Amélia primeiro fez-se branca como cera, para depois violento rubor tingir-lhe a face. Tentando raciocinar com clareza, e no entanto sem conseguir, ela se viu diante de um pesadelo que ela sempre temera: a exclusão social.

Tendo se casado para enfim alcançar a estabilidade a que ela e a família sempre almejaram, agora via como seu sonho ia ruindo lentamente. Olhou para Carlos com fúria infantil:

– Com isso tu queres dizer que estamos pobres? Que teremos de mudar de vida?

– Não só de vida, Amélia, mas também de casa. Esta casa nos dá despesas demais. Hoje mesmo já comuniquei ao motorista que não precisaremos mais de seus serviços. Cumpre a ti agora demitir a copeira e a lavadeira desta casa. Iremos nos mudar para um lugar menor e mais adequado à nossa situação.

– Despedir as criadas? E quem fará o serviço? Nana? Aquela não pode nem com ela mesma! Nem pensar, não me casei com um homem como tu para trabalhar exaustivamente. Saí da casa de meus pais para ser uma dama, e não se pedem coisas como essa a uma mulher como eu.

Carlos, que já se irritava, concluiu a conversa:

– Caso não queira despedi-las, eu mesmo o farei. Minha primeira esposa vivia com bem menos e nem por isso reclamava. Terás de te adaptar, mesmo porque para a casa aonde vamos não terás necessidade de tanta gente à tua volta.

– E para onde iremos?

Teu pai então a informou que tinha ainda, herdado dos pais dele, pequena morada perto do rio, diante de árvores frondosas e seculares. Não era um bairro elegante, mas era familiar e adequado para ti, Júlia, que já tinhas te tornado uma moça. Ao ser informada de que teria de habitar um casa com poucos cômodos, de acabamento simples, Amélia ficou aturdida. Via-se em seu semblante uma fúria sem precedentes, como a uma criança mimada de quem se tiram todos os brinquedos. Por fim, ela olhou em volta, para o belo sobrado e disse:

– Temos aqui bons quadros e belos móveis, poderíamos vendê-los enquanto tu te recuperas na firma, e assim não teríamos de sair daqui.

Carlos deu um triste sorriso:

– A casa já pertence ao banco, Amélia, com tudo o que tem nela. Temos ainda alguns dias para desocupá-la, mas poderemos apenas levar nossos pertences de uso pessoal. Nada além disso. Mesmo as tuas joias já se encontram nas mãos do banco.

Ao se ver assim, despojada de tudo que tão caro lhe era, Amélia tombou no sofá, com a cabeça entre as mãos. Custava-lhe crer que a situação fosse assim tão difícil, tão embaraçosa. Doía-lhe ver que os familiares, antes sempre tão invejosos, agora teriam com o que se divertir. Seria motivo de chacota na sua roda social, isso se já não o era. Afinal, havia muito que os convites estavam desaparecendo. Lembrou-se então de Júlia, que estava no quarto do andar de cima, e dos avós dela, sempre tão prósperos.

– Não poderíamos então, Carlos, pedir a teu primeiro sogro um empréstimo? Todos sabem que eles "nadam em dinheiro". Não acredito que deixariam a tua preciosa Júlia morando sem os luxos a que estava acostumada.

A isso, Carlos respondeu com severidade:

– Bem sabes que Júlia nunca foi de muitos luxos. Ao contrário de ti, não me lembro da última vez em que ela tivesse me pedido algo, sequer um vestido.

Amélia tornou-se então amarga:

– Claro, aquela avó tudo providencia. Eles devem ajudar-te, Carlos, afinal, és o pai da neta deles.

– Meu sogro, ao contrário da tua família, sempre me auxiliou. Não tenho mais como pedir-lhe algo. Já lhe devo tanto que me constranjo apenas em vê-lo. Não há alternativa, Amélia.

Teremos de baixar o nosso padrão e sairmos daqui, se não quisermos ser expulsos desta casa.

A essa resposta, houve tantos impropérios que acredito ser desnecessário comentar. Tu continuavas em teu quarto, absorvida pela leitura de um novo romance que tua avó te presenteara, porém, tão estridentes foram os gritos de Amélia com teu pai, que não houve como te manter à parte de tal cena. Preocupada que estavas com ele, a quem tu muito amavas, pude enxergar as lágrimas em teus olhos, rolando tristemente sobre a tua face. Não te sentias à vontade de interromper a discussão entre teu pai e tua madrasta, mas vendo-o assim humilhado pelas ofensas de Amélia, não conseguiu se conter e desceu de pronto a escada, escutando ainda o final da acirrada discussão.

Que triste fiquei, Júlia, com todas aquelas palavras trocadas em meio ao ódio de Amélia. Marcos, ao sentir minha angústia, pôs-se ao meu lado, trazendo assim o amparo que nunca me deixava faltar em momentos amargos. Viu-me preocupada contigo, que descias à sala de olhos já molhados. De início mantinhas-te calada, como se alheia a tudo.

Amélia continuava a altos brados:

– Não me rebaixarei, Carlos, não esperes isso de mim. Quando me casei contigo, tu me prometeste que nada me faltaria. Não aceitarei isso, não estou acostumada a viver da forma que tu me propões, em bairros simples e fazendo o serviço da casa! Nem na casa de meus pais era assim.

Notei no pálido semblante de Carlos uma veia pulsando firmemente na testa. Nos nossos anos de casamento nunca o tinha visto realmente zangado, pois comigo sempre fora bom e gentil. Agora parecia-me que outro homem entraria em cena, para meu desencanto, contigo assistindo a tudo.

— Pois volta para lá, Deus sabe que tudo tentei para atender-te, Amélia, longe de mim tentar fazer-te aceitar uma vida a que não te propões. Num casamento há fases boas e difíceis. Se não queres agora apoiar-me, volta para a casa de teus pais, assim será melhor para todos nós.

Ante tal sugestão, pude notar em Amélia pensamentos rápidos moldando-lhe a fronte. É incrível Júlia, como nós que já nos acostumamos ao mundo espiritual sentimos o pensamento alheio com tamanha nitidez. Em meus anos na Terra nem de longe tinha tal habilidade. Pude notar em Amélia primeiro o desgosto de voltar à casa dos pais, onde tudo era muito mais difícil do que com Carlos e as despesas eram sempre contadas. Depois veio o medo da reação da sociedade ao sabê-la separada e do falatório alheio. As pessoas certamente comentariam seu abandono a Carlos em momentos difíceis como aquele e havia ainda o medo de ficar só, pois já notara que não era mais tão atraente com o passar dos anos. Valerie, que se deliciava com a cena, aproximou-se de nós pela primeira vez e disse-me:

— *Vês, Clara, com quem ele preferiu ficar? Notas agora o caráter da "esposa" de Carlos? Acredito que nem comigo ele teria feito pior escolha. Seus dias agora serão amargos e ele começará a pagar pelo que me fez passar.*

Marcos interveio prontamente:

— *Não te cansas, Valerie? Tens agora a tua vingança, ela te faz mais feliz? Persegues este casal há anos, provocando desavenças e incentivando os maus pensamentos dos dois. Incentivaste Carlos ao vício do jogo e à luxúria, que ele já trazia consigo. E enquanto te preocupaste com a vida deles, o que fizeste pela tua? Continuas com os mesmos andrajos de sempre, as mesmas marcas de dor nas faces, acreditaste realmente que te vingando dessa forma conseguirias apagar a tua angústia?*

Ante a verdade das palavras de Marcos, Valerie cobriu o peito, na tentativa de arrumar o traje que vestia havia anos. Voltou-se ainda para ele, como se quisesse confirmar sua "vitória" ao obsediar duramente Carlos e Amélia durante todo esse tempo.

— *É fácil para tu falares assim. Logo se vê que a exemplo desta aí* — apontou para mim — *nunca passaste necessidade na vida. Tivesses passado pelo que passei, pensarias de forma diferente.*

Marcos deu um dos sorrisos mais tristes:

— *Não me reconheces em espírito, não é, mulher? Acreditando que viveste apenas uma existência e duvidando sempre do Senhor não poderias mesmo me reconhecer. Pois saibas que nasci de uma pobre moça, que durante muitas vezes na gravidez tentou me expulsar do ventre e, não contente com isso, drogou-se durante toda a minha estada lá, fazendo com que o meu corpo nascesse frágil. A pobre criatura quis ter-me de início para selar uma união que nada tinha de verdadeira ou duradoura e, ao ver-se tolhida de suas aspirações, proporcionou-me longas horas de angústia. Sabes a que me refiro, Valerie?*

Ela, que de início não compreendeu, logo viu a verdade transparecer nos olhos de Marcos. Perdida que estava em seu próprio sofrimento durante seu desencarne, nunca se preocupou com a criança que carregava, nem com o seu destino. Envergonhou-se prontamente e calou-se. Num suspiro sentido e amargo, saiu de nossa presença, dando-me grande vontade de segui-la para confortá-la. Mas a situação na sala de Carlos permanecia confusa e acalorada, com palavras de ódio sendo ditas sem a menor cerimônia. É estranho, Júlia, como certas pessoas se revelam mesquinhas quando a vida lhes apresenta provas que elas não esperavam. A antes tão altiva e orgulhosa Amélia agora dizia coisas que eu nunca esperava ouvir:

— Canalha! Então depois de usar minha juventude agora quer me devolver aos meus pais! Saiba que não irei, ficarei contigo, pois sou uma mulher honesta e que não se separa, incompetente!

Ao ver seu pai assim atacado, finalmente te manifestaste:

– Não fales assim com meu pai. Não vês que agora ele necessita de amparo? Justamente ele, que sempre te cobriu de mimos! É papel da mulher apoiar o marido nessas horas, para que ele assim possa se reerguer. Ele sempre foi generoso contigo, agora te comportes como uma dama deve se comportar.

Larga gargalhada de desprezo invadiu a sala:

– Que sabes tu, menina mimada, sobre como se comporta uma dama? Vives metida em teu quarto lendo os teus romances. A vida não é como nos romances, Júlia. Há muita sordidez em nossa volta. Mas, assim que tiveres tua vida mudada, quero ver como te comportarás. Aí sim me dará razão por teu pai nos colocar em meio à penúria.

– Não temo as dificuldades financeiras, Amélia. Confio em meu pai e sei que ele nos dará o suficiente para o nosso sustento. E, depois, podemos trabalhar também e assim ajudá-lo. Não te preocupes, paizinho, que tudo se resolverá.

Carlos, que até então tinha tentado apenas se defender dos ataques contínuos, sentou-se com a cabeça nas mãos e ajeitou seus já ralos cabelos. Sabia que tinha desperdiçado o patrimônio de seus pais de forma descuidada e imprevidente; certamente não sabia mais como sustentar a família acostumada a tantos luxos. Ao ouvir-te, Júlia, duas lágrimas rolaram de seu rosto. Ao ver-te assim confiante nele, se encheu de fé e levantou-se para te abraçar.

– Tens de fato sido o meu anjo, Júlia. Tua mãe se orgulharia de ti, é nessas horas que se nota o real espírito das pessoas, e ver-te assim com tanta fé em mim renova-me as forças. Agradeço-te, querida, mas agora sobe ao teu quarto, que ainda és muito jovem, e preciso de fato conversar com Amélia.

Sentindo-te acalmada pelas palavras do teu pai, tu subiste as escadas. Pude então notar Nana, que tudo acompanhava da porta da sala de jantar, subindo discretamente as escadas atrás de ti. Tive de me conter para não rir da expressão de Nana, olhos arregaladíssimos e muito vivos, assustada, sem dúvida. Notando então suas reais emoções, vi que ela não temia pelas mudanças, afinal, filha de escravos e sem ter nunca nenhuma regalia, não se apertava em tais situações. Havia nela certo ar de "bem-feito", uma vez que Amélia sempre que possível a humilhava, mas a preocupação dela por ti era mais que genuína. Não pela situação financeira, que isso não a incomodava em absoluto, mas pelos ares "da megera". Certamente ficaria ainda mais irascível agora que estava contrariada.

Por fim, Amélia retirou-se da sala, deixando Carlos imerso em seus mais profundos pensamentos. Teria de proteger Júlia, e agora, morando em casa menor e mais simples, sua esposa estaria ainda mais perto dela. Conversaria ele então com os meus pais, e tentaria, de todas as formas, poupar-te de maiores aborrecimentos.

Vigésima segunda mensagem

Sobre a riqueza e a pobreza

Vendo-me bastante preocupada, meu querido Marcos se aproximou de mim. Já de volta à colônia, fiquei pensativa diante dos acontecimentos que tinha presenciado. Custava-me crer em tamanha gama de sentimentos tão negativos, e tu, Júlia, bem em meio a eles. Da nossa morada via-se um belo pôr do sol, com coloridos que as pessoas da Terra não conseguiriam alcançar, numa nitidez que mostrava bem a maestria divina sobre os homens.

Ficamos então em silêncio, contemplando a paisagem que, como na Terra, mudava a cada minuto. Várias e pesadas dúvidas a respeito de teu futuro me toldavam a fronte. Por fim, notando Marcos também calado e em estado de contemplação, dirigi-me a ele com as minhas preocupações:

– *Não é estranho, meu querido, como as pessoas reagem diante da prova da pobreza? Esperava sem dúvida uma reação da parte de Amélia, mas não assim tão exacerbada.*

— As pessoas agem de acordo com o seu desenvolvimento espiritual, Clara. As aparências nem sempre conseguem ser mantidas. Ao ver-se despojada de tudo o que achava importante, é claro que Amélia ficaria agressiva. De índole preconceituosa contra os mais humildes, aos quais nunca tratou com cortesia, teme agora que a tratem da mesma forma. E o medo faz feras agressivas, minha querida.

Vi-me pensando na profundidade de suas palavras. Devia realmente orar por Amélia, que em razão de seus valores mundanos agora se encontraria em situação difícil. Percebendo meus pensamentos, Ariel se aproximou com um triste sorriso de compreensão:

— Devias agradecer aos céus semelhante prova para teus conhecidos, Clara. Se suportadas com humildade e fé, fará deles seres melhores e mais próximos a Deus. A situação em que se encontravam só lhes traria desilusão e desespero com o tempo, pois o ser humano, quando envelhece sem sabedoria e perdido em valores que não se sustentam por si mesmos, acaba de forma triste e solitária, acompanhado apenas pelos bens materiais que tanto acumulou durante a vida.

Meditei alguns instantes sobre as palavras de meu amigo. Ariel tinha razão: quantos na Terra, cercados pelas riquezas, terminam sós, ou apenas com ávidos herdeiros em seu leito de morte. Muitos ao desencarnarem ainda ficavam presos a esses bens, vendo em desespero os herdeiros, antes tão solícitos, a dizerem o que realmente pensavam deles, e a dilapidarem os bens. Era natural, afinal, quem não luta para ter algo, não costuma dar valor.

— Feliz é o homem que deixa como herança o afeto que plantou, a caridade que fez, o exemplo que construiu. Esse sim é lembrado de forma doce e afetuosa, e caminha por aqui com uma leveza sem par. A riqueza, quando dada por Deus, é uma prova de difícil caminho, pois enquanto o mundo chama os homens aos seus prazeres fáceis, eles

se esquecem da obrigação assumida de ajudar aos seus semelhantes menos afortunados.

Calei-me enquanto Ariel e Marcos conversavam sobre a fragilidade dos valores incentivados ainda na Terra, a despeito do exemplo do Cristo, mestre também em generosidade para com seus semelhantes. "Meu reino não é deste mundo", Ele nos disse, chamando-nos a atenção para que notássemos a importância da evolução do espírito, e não dos bens materiais.

Vendo-me tão calada, meu querido Marcos me sorriu de forma afetuosa. Estando ali Ariel, famoso por suas palestras e conhecimento da vida espiritual, não pude me furtar a dissolver algumas dúvidas que me toldavam.

— Acreditas então, Ariel, que, como dizem os Evangelistas, os ricos raramente verão os reino dos céus? Mas tive boa situação sobre a Terra, nascida de pais abastados e, no entanto, aqui me encontro junto a vós.

Fitou-me com o olhar divertido de sempre e carinhosamente me explicou:

— Tu bem sabes, Clara, que tanto a Bíblia quanto os Evangelhos sofreram modificações de acordo com o tempo e a vontade dos homens responsáveis por sua preservação. Não é importante a riqueza, Clara, mas os sentimentos que a acompanham. Não seria injusto se aqui admitíssemos as pessoas apenas por sua situação financeira desfrutada na Terra? Há muitos seres humanos bons e tantos outros que ainda necessitam evoluir em todas as classes sociais, ou então todos os pobres seriam naturalmente puros de coração. Acreditas em tal tese simplista?

Lembrei-me, é claro, das inúmeras pessoas que havia conhecido na encarnação passada. Ariel, como sempre, estava cheio de razão. Em todos os meios sociais havia gente de bom coração, assim como os que ainda lutavam contra os seus vícios e desejos impuros. Ele continuou sua explicação:

— O mundo seria bem melhor, Clara, se os que possuem riqueza se lembrassem dos que não possuem e praticassem a caridade de forma mais ampla. Assim ficariam também ricos das graças de Deus, ajudando aos semelhantes que, por vezes, caem em desgraça pelo desespero da falta dos bens materiais. Muitos são os que sucumbem, tanto pelo excesso de dinheiro, como pela falta dele, por isso a importância do amor fraterno a nos lembrar sempre do exemplo do Cristo, que nos ensinou o desapego às coisas tangíveis e incentivou a caridade pura, acima de qualquer outra coisa.

Com um longo suspiro, ele se levantou. Deu-me o bondoso sorriso de sempre e se desculpou, afinal, era cheio de afazeres. Fitei o meu bom Ariel, perguntando-me quantas encarnações foram necessárias para moldar-lhe o caráter sempre tão firme e luminoso. Marcos, ao meu lado, notando o que eu pensava, me respondeu:

— É, de fato, um espírito antigo Clara, moldado pelo sofrimento como a maior parte de nós. Sinto-me, no entanto, um pouco constrangido pela cena com Valerie, mas desconfio que isso lhe será útil. Afinal, devemos incentivar nela a reflexão, e não a autopiedade.

— Tens mágoa dela, Marcos, pela tua encarnação passada?

Ele olhou ao longe, como se lembrasse de existências anteriores, e sorriu tristemente:

— Não tenho mágoa, Clara, pois na minha recente infância sobre a Terra nada me faltou, graças a ti. Mas não posso dizer que não sinto por ela uma aversão natural, que tento combater sempre. Tens toda a razão quando pensas em consolá-la, ela sofre muito. Quem sabe agora ela esquece um pouco o ódio e o troca pelo arrependimento?

Fiz uma prece para que estivesse certo. Na realidade, nunca tive nada contra Valerie, a quem sempre vi com espanto, pois era uma pessoa muito diferente de mim mesma. Apesar disso, eu tinha uma compulsão natural para tentar ajudá-la. Sempre que a via me chamava a atenção seu desespero, coisa que ela sempre alimentava como se fosse um vício. E tal situação me causava imensa pena. Imaginei-a então nos ambientes que ela frequentava atualmente, e não pude deixar de observar que não era assim tão diferente dos ambientes que ela frequentava na Terra. Ali estavam muitos de seus ex-companheiros de sina, ladrões, viciados, assassinos. Enquanto ela encorajasse esse tipo de prisão, nada poderíamos fazer.

Porém, eu sentia que devia afastá-la de Carlos e de ti o mais rápido possível, pois ela já havia causado muito mal, e teu pai agora precisaria do apoio necessário para crescer com a prova que se aproximava. Comuniquei isso a Marcos, que prometeu ajudar-me e procurá-la assim que possível. Fizemos uma prece para que ela não se escondesse de nós. Eu estranhava muito o ódio dela a Amélia, compreendendo apesar disso os motivos para sua inveja da outra, que obteve finalmente o que ela jamais havia conseguido, ou seja, o amparo financeiro de Carlos. Marcos observou-me para que eu entendesse melhor:

– São rivais antigas, Clara, que mais de uma vez estiveram juntas, tiveram já muita afinidade uma com a outra, e seus valores continuam os mesmos, apesar das chances que tiveram em várias reencarnações. Não notas como no fundo são parecidas?

– Sim. De fato se parecem em muitas coisas. Marcos, as duas gostam de cores vivas, de joias, e dão valor às mesmas coisas. Embora uma esteja aqui agora vestida de andrajos e a outra se cubra dos luxos mundanos, não há como negar que em temperamento são bastante parecidas.

Caminhamos então um pouco mais. Tínhamos os dois ainda muito a fazer, e resolvi retirar-me para pensar e orar por eles.

Vigésima terceira mensagem

A vida de Valerie

Ao notar-me abalada pelos acontecimentos, pois imensa era a minha vontade de interferir para protegê-la, Ariel e Marcos pediram-me que me mantivesse afastada da Terra por um período. Disseram, com razão, que eu deveria ter mais fé na providência divina, e que de nada adiantaria que eu participasse apenas como espectadora dos fatos que aconteceriam.

Logo, atenta aos conselhos deles, por muito que me custasse, continuei no meu trabalho de tentar resgatar os irmãos sofredores do umbral, mas meu coração continuava preso a ti e a Carlos. Orei repetidas vezes pedindo aos céus iluminação espiritual para mim e para vocês, o que sinceramente me acalmava. Mas não tardou que eu pedisse a Marcos que me acompanhasse a uma visita especial ao umbral, pois sempre que pensava em Valerie, meu peito se apertava. Estaria ela ainda presa às vítimas que obsediava?

Sabendo dos sentimentos de Marcos por ela, resolvi então conversar com ele assim que tive chance:

– *Marcos, tens notícias de Valerie?*

Ele me olhou com carinho, já antevendo o que eu desejava:

– *Preocupada com ela, Clara? Pois tenho boas notícias, acredito que depois da nossa última entrevista ela tem se dedicado menos a fazer mal a Carlos e Amélia. Embora ainda os odeie, tem refletido sobre seus próprios erros, o que já é um progresso. E, depois, nossa Júlia possui aqui muita proteção espiritual, além de um caráter forte e bondoso. Valerie, por motivos claros, não se sente à vontade na presença dela.*

– *Poderíamos então visitar Valerie? Há tanto tempo ela já vive naquele "inferno", gostaria sinceramente de resgatá-la assim que possível.*

– *Bem sabes que isso depende mais dela do que de nós. Nesse longo período ela nunca se lembrou de pedir misericórdia ao Pai. Sentir-se sempre uma vítima tornou-se quase parte de seu caráter. Mas sim, podemos visitá-la se assim quiseres.*

E como eu ansiasse por ajudá-la, Marcos se dispôs a levar-me aonde ela estava. Adentramos em feia sala de paredes sujas, na região do umbral, onde o mau cheiro era sentido a distância. À medida que entrávamos no local, os habitantes nos olhavam com extrema desconfiança, notando que não pertencíamos àquele ambiente. Vi e senti logo a animosidade presente, o que me causou medo, levando-me a apertar o braço de Marcos e a olhá-lo com preocupação.

Sabendo-me medrosa, Marcos me sorriu como se caçoasse:

– *Já mudaste de ideia ou queres continuar por aqui?*

– *Continuemos* – respondi bravamente –, *desejo realmente ajudar Valerie.*

Ele sorriu de forma confortadora.

– *Não tenhas medo, Clara. É certo que eles estranhem nossa presença, mas apesar disso não nos farão mal, tem fé e estarás protegida.*

Passamos então por mais algumas salas e, no fundo de uma delas, pude avistar Valerie sentada, com o olhar vazio fixando as paredes. Mais do que nunca meu coração condoeu-se dela. Sentindo nossa presença, ela levantou o olhar e, ao me ver, fez um esgar de desprezo. Notando a presença de Marcos, abaixou de pronto a cabeça.

— *Que fazeis aqui? Desejais me atormentar com meus erros do passado? Achais que eu já não sofro o bastante?*

— *Sofres porque assim o desejas* — respondi com coragem —, *viemos visitar-te não para te lembrar de teus erros, mas para lembrar-te de que Deus não te esqueceu, Valerie.*

Notei logo as lágrimas que ameaçavam rolar de seus olhos. Aproximei-me um pouco mais, mas ela se retraiu, olhando-me assustada e enraivecida. Preparei-me para sofrer um ataque. Marcos, que tudo olhava de mais longe, apoiou-me com um gesto de cabeça. Nos resgates eu muito mais assistia do que falava com os espíritos em sofrimento. Marcos, nisso, se saía muito melhor do que eu, tímida por natureza.

Ela me respondeu com amargura:

— *Falas de Deus, Clara? Acreditas que há um Deus neste lugar? Ele nos esqueceu, Clara. Para ser franca, Ele nunca se lembrou de mim. E agora, depois da morte, sinto que mereço habitar neste inferno. Jamais sairei daqui, pois também sei de meus pecados.*

— *Todos nós temos os nossos pecados, Valerie. Mas isso não quer dizer que tenhas de ficar aqui até o fim dos tempos. Aprendemos muito em nossas estadias terrenas, mas, muitas vezes, o aprendizado aqui é maior e mais profundo. Deus nunca te esqueceu, Valerie, tu é que tens te esquecido Dele.*

Ela me olhou de forma inquisitiva. Senti que poderia me aproximar mais dela e sentei-me, então, à mesa suja em que ela estava. É difícil descrever o umbral, Júlia. Nem nossas mais miseráveis favelas podem ser comparadas a ele. O clima é às vezes assustadoramente quente e úmido em certas regiões e, em outras, há um frio avassalador. Rajadas de ventos fortes batem de encontro às habitações. Tão diferente é da colônia, que supera a nossa Terra em beleza e harmonia! Duas situações extremas. Valerie se pôs de pé diante de mim e me disse da costumeira forma agressiva:

– *Achas que sabes da minha vida, Clara? Logo tu, nascida em berço de ouro e sempre tão mimada. É fácil crer em Deus quando nada nos falta. Mas minha vida foi sempre de luta, desde muito nova aprendi na carne o sentido da palavra fome, e o desespero do frio. Minha mãe, como eu, era mulher da vida, e não foram poucos os homens que desde muito cedo frequentavam a nossa casa à procura de prazeres que nos torturavam.*

Com o olhar perdido ao longe, incentivada pela minha atenção, ela me contou sua triste história:

– *Não tive leitura, nem professores. Como era bastante crescida para minha idade, comecei aos dez anos na vida que me conheceste; minha mãe, quando não se embebedava, me batia. Com o tempo fui ficando mais atraente do que ela, e os homens que cercavam nossa morada preferiam a mim, para o meu desespero. Desde a infância a vi "trabalhando" na minha frente, pois a casinha em que morávamos era pequena demais e tudo era feito no mesmo cômodo, já que outro não havia. Às vezes ela puxava uma frágil cortina de chita para agradar aos clientes. Noutras, além de ouvir eu via tudo.*

Ela parou sua narrativa, como que para observar minha reação ante a sua história. Mas eu nada disse, e ela se encorajou a continuar:

– *Não sabias que tais coisas existiam, não é, princesa? Pois sabe que fui me acostumando àquele tipo de vida. Minha mãe logo adoeceu, e aos trinta anos era um trapo humano, corroída pela doença que adquirira em suas longas noites com marinheiros, bêbados e todo tipo de escória. Vi-a ficar com chagas por todo o corpo, e quando fiz quinze anos, a abandonei. Não havia ali futuro para mim, e nenhuma obrigação eu devia àquela senhora que desde muito cedo me explorava. Não sei de seu destino, mas espero que tenha sido feio, pois ela bem o mereceu.*

— *Aos 15 eu já era bem bonita* — continuou ela — *e entrei enfim para a casa de uma "madame" que logo viu muito futuro em mim. Foi o local em que estive mais parecido com um lar, pois as outras "meninas" da casa já tinham passado por experiências parecidas, e a "madame", embora sovina, não deixava que nos faltasse nada. Com elas terminei meu curso de vida, aprendendo tudo o que era necessário para enredar um homem e mantê-lo como cliente. Na casa da "madame" me batizaram com o nome de Valerie, pois sou muito clara e podia passar por francesa, sendo então mais procurada e mais cara que as minhas amigas nacionais.*

Continuei ouvindo e tentando entender tudo o que ela me explicava. Marcos, de longe, observava a cena, preocupado comigo, que nunca tinha ouvido semelhantes confissões. Tive de fazer força para não parecer escandalizada, mas, vendo meu interesse genuíno, ela se animou a continuar:

— *A vida na casa da "madame" não era de todo má, os clientes daquela casa eram muito mais limpos e educados do que os que minha mãe trazia. E havia sempre muita bebida e música* — seu olhar se tornou sonhador, como se revisse as cenas —, *comprávamos muitas roupas bonitas, muito perfume, muita pintura. Mas a vida de mulher da noite é de carreira curta, pois as noites em claro e os abortos nos envelhecem prematuramente. Nem me lembro de quantos abortos fiz, em mim mesma e nas outras, mas, pagava-se bem. Com o tempo, aprendi uma ou duas coisas para evitar os filhos e, com isso, me protegi mais.*

"Madame" dizia que eu tinha futuro, mas eu sabia, pela experiência que tive com minha mãe, que aquilo não duraria para sempre.

Ela então sentou-se ao meu lado, encarando-me nos olhos. Vendo que não havia nos meus olhos censura, mas sim interesse pela sua história, ela suspirou:

– *Sabe, Clara, que mesmo as mulheres da noite têm seus sonhos. Depois de anos vivendo na noite e tendo de aturar os clientes, começamos a cansar e ansiamos firmemente por alguém que nos tenha como fixa e exclusiva, ou que nos tire dali. As drogas que ingerimos servem para afastar o nojo e a tristeza, mas poucas de nós faziam o seu pé-de-meia para quando o futuro chegasse. E todas pressentíamos que o futuro não seria nada bom.*

Atrevi-me a perguntar:

– *Não tiveste nenhum amor, Valerie? Lembro-me de que eras de fato bonita. Não se apaixonaram por ti?*

Notei seu olhar ao longe, como se lembrasse passado longínquo. O olhar que antes era cheio de energia, agora parecia apenas triste e pensativo:

– *Nada sabes dos homens e de seus caprichos, Clara. Como já te disse, foste protegida sempre. Os homens, quando frequentam aquele tipo de ambiente, vão para serem satisfeitos em suas vaidades. Apaixonei-me, sim, algumas vezes, mas não creio ter sido amada. A única pessoa em quem confiei se mostrou depois tão medíocre, tão ladino. Eles nos usam lá, apenas isso. Deixamos de ser humanas para sermos "coisas" nas quais eles podem descarregar todos os seus maus instintos. Moças de sociedade como tu não imaginam o que se passa nesses lugares.*

Tentei me colocar no lugar dela, inutilmente, mas entendi sua dor e sua revolta. Na nossa época, Júlia, mulheres como Valerie não teriam diferentes oportunidades quando já tinham passado por casas de prostituição, não teriam empregos, nem pouso certo. Os mesmos homens que antes se serviam delas não as ajudariam a mudar de vida; logo, desenvolviam a mágoa e a inveja, compreensível, aliás, para quem leva semelhante vida.

Eu começava finalmente a entendê-la e a me solidarizar com ela. Que vida horrenda tinha levado! Notando o meu silêncio compungido, ela continuou, desta vez disfarçando sua dor com sarcasmo:

– E tu me chegas e me dizes de Deus! Tentei procurá-lo uma vez, naquelas igrejas tão suntuosas, o padre me disse que não era lugar para gente da minha laia, e as mulheres sussurravam coisas enquanto eu passava. Teu Deus não é para pessoas como eu, que já nascem condenadas!

Ao ouvir tamanho desabafo, vi-me na obrigação de tentar esclarecê-la melhor.

– Nem todas as igrejas são iguais à que conheceste. Realmente, errou esse padre ao te expulsar de lá, pois na casa do Senhor todos devem ser bem-vindos. Nem mesmo o Cristo julgou a adúltera, deixando claro que todos temos as nossas falhas e que por isso mesmo deveríamos não julgar o próximo. Nunca ouviste a frase: "quem estiver sem pecado que atire a primeira pedra"?

Valerie, que nunca tinha tido acesso nem a aulas nem a catecismo, me olhou curiosa:

– Por que então, Clara, nos condenam ao inferno tão repetidas vezes? Quando morri, logo esperei pelo fogo e o enxofre, e, no entanto, aqui estou. Não há fogo nem enxofre, mas a dor continua.

– Não entendo, Valerie, por que as pessoas tentam sempre incutir o medo nos fiéis. Tal freio nunca funciona de fato, pois o ser humano está em constante aprendizado; logo, ele erra. Mas tanto o inferno como o céu estão dentro de ti, e as pessoas que crescem na verdadeira fé, de amor e caridade ao próximo, costumam ser bem mais felizes do que as que não a possuem. Onde moro agora é lindo, o clima é tão bom,

as pessoas são tão mais calmas! Não queres, então, vir comigo e dar uma chance aos verdadeiros ensinamentos de Jesus?

Notei então nela o violento dilema que lhe consumia o íntimo. Estava em constante sofrimento, mas aquele ainda era o "lar" que ela conhecia. Sabendo-me em diferente esfera, e consciente de seus próprios pecados, ela temeu pelo julgamento que tantas vezes lhe fora dito, o medo e a culpa enevoaram seus olhos.

– *Não conheci esse Jesus a que te referes. Mas sei que não seria bem-vinda em tal lugar, como não fui nas tuas igrejas. Por que desejas me levar? Nada temos em comum; desejas te vingar pelo que fiz a Carlos e a tua Júlia?*

Eu já começava a compreender o raciocínio dela. Nunca tendo recebido nada com amor, e também nunca tendo dado o amor desinteressado, realmente ela não possuía motivos para acreditar em mim. Marcos, que estava longe, mas prestando muita atenção à nossa conversa, chegou então até nós com seu sorriso mais puro:

– *Não temas a Clara, Valerie, que ela nunca causou mal a ninguém. E se aqui está a conversar contigo, é pelos motivos mais limpos que já presenciaste. Tu acreditaste em pessoas que falavam sempre em punição eterna, mas sem dúvida deves ter ouvido falar do amor que gera a mensagem do Cristo. Nosso mestre nos ensinou repetidas vezes a perdoar e a amparar nossos irmãos, e a alegria que temos, quando podemos ajudar, é o melhor pagamento.*

Vendo-se diante de Marcos, ela de início se encolheu:

– *Não tens então mágoa minha? Gerei-te apenas para prender um homem em quem via possibilidades de conforto, droguei-me durante a gravidez e me vi em desespero quando notei que nada conseguiria dele. Ainda assim não tens mágoa?*

– *Ouvindo a tua história, mágoa nenhuma posso ter. Quem sou eu para julgar-te quando em existências anteriores fiz coisas bem piores?*

— *Existências anteriores? Vivemos então mais de uma vez?*

Marcos teve de sorrir. Realmente, a maior parte das pessoas desencarnadas tem dificuldade de entender tal raciocínio, mesmo porque não era muito difundido na nossa sociedade. Foi quando eu disse a ela:

— *Também eu me assustei quando me disseram isso pela primeira vez. Mas acontece que é verdade, Valerie. Deus é tão bom pai! Por que daria a seus filhos apenas uma chance de acerto?*

Ela me olhou, curiosa. Aos poucos sua mente ia se abrindo para as novas revelações, o que me enchia de esperanças. Coube a Marcos dissipar suas dúvidas e culpas:

— *Não é necessário que te sintas culpada por tuas atitudes durante a gravidez. Não é a primeira vez que nos encontramos, e eu também já te fiz mal, embora tu não lembres. Longe de nós que já temos certas lembranças julgar o próximo, pois conhecemos bem as nossas faltas. É necessário que esqueçamos um pouco os nossos erros, para apenas aprendermos com eles; de mim, nada deves temer. De Clara, menos ainda.*

Notamos nela ainda pequenas dúvidas. Mas Valerie era inteligente e logo captou nossas verdadeiras intenções. Por fim, ela nos disse:

— *Caso não me adapte ao lugar onde vivem, posso voltar para cá? Não me prenderão lá?*

— *Não temas, Valerie. Se achares o lugar ruim, é claro que podes voltar* — esclareceu Marcos. — *E, depois, quando foi que conseguiram te impedir quando querias ir a algum lugar?*

Lembrando da obsessão que tinha infligido a Carlos e a Amélia, das longas e várias vezes que tinha estado a influenciá-los, ela admitiu:

— *De fato. O problema são os meus vícios. Não sei como os satisfarei em semelhante lugar.*

Marcos decidiu esclarecer:

– *Não poderás realmente usar lá as substâncias a que estás acostumada. Fazem muito mal a ti, e não permitiríamos. Devo esclarecer que os primeiros dias serão difíceis, mas nada será tão difícil como o que tu já enfrentaste. Teu corpo é pó, a falta que sentirás é a do hábito que, embora forte, é bem mais fácil de ser controlado. E depois, temos meios que a aliviarão.*

Ela pareceu pensativa, a ideia de largar o vício não a atraía. Mas depois lembrou-se do desespero constante a que era submetida quando faltava-lhe a droga. Por fim, decidiu-se:

– *Se posso contar com vocês nesse lugar aonde querem me levar, eu irei. Estou mesmo exausta da vida que levo aqui.*

Acredito que Marcos tenha visto nos meus olhos a alegria, pois meu sorriso foi imenso. Durante tantos anos tinha observado o sofrimento de Valerie, e agora ele parecia prestes a ser transformado. Tão lindo é, Júlia, quando conseguimos resgatar alguém de seus próprios males.

Levamos então, sem muita dificuldade, Valerie à colônia, onde ela foi recebida na enfermaria para tratar de suas chagas constantes, e logo tomou um longo banho. Ao vê-la assim, abatida, porém limpa e cuidada, não pude deixar de lembrar da moça cheia de personalidade da Terra. Sabia que não ia ser fácil, Júlia, mas o primeiro passo estava dado. E talvez agora, sem a obsediação constante, Carlos e Amélia tivessem uma chance.

Vigésima quarta mensagem

Velhas amigas se encontram

Fiquei longos meses sem descer à Terra. O trabalho de resgate me tomava bastante o tempo, mas aprendi também valiosas lições, muitos, a exemplo de Valerie, se sentiram forçados pela vida a trilhar os caminhos que trilharam. Mas a verdade é que, conforme o desenvolvimento do espírito e de sua índole, as pessoas sempre têm uma escolha a fazer. Porém, como é mais fácil culpar o "destino" do que assumir os próprios erros, muitas vezes nos vemos sem assumir nenhuma responsabilidade pelos nossos atos. Assim procede o orgulhoso, Júlia, e nenhum de nós está livre disso.

Apesar de distante, conforme o conselho de Ariel, não houve uma vez que o visse que não lhe perguntasse como tu estavas. A esse tipo de inquisição, ele me respondia com um ar bonachão:

– *Calma, Clara, que as coisas estão se ajeitando.*

Estávamos um dia, Marcos e eu, sentados diante da nossa morada quando vimos o querido amigo chegando. Conversávamos a respeito de Valerie, que tinha encontrado algumas dificuldades, mas progredia a olhos vistos. No entanto, Ariel tinha para mim outras notícias:

– Acredito que seja a hora de visitar Júlia em seu novo lar, Clara. Alguém la anda chamando por ti.

Ante o meu olhar de curiosidade, ele esclareceu:

– Precisamos ir ver Nana. A hora dela está chegando, finalmente.

Sem demora, pus a me arrumar para ver minha querida amiga. Tão bom seria ter Nana por perto novamente! Preocupava-me apenas contigo, que não poderias mais contar com ela. Perguntei-me curiosa o que ela acharia dali. Sabendo de antemão que, quando desencarnamos, nem sempre descansamos, perguntei-me o que a ativa Nana faria na colônia. Não era difícil imaginar: gostando de crianças como gostava, provavelmente, iria ter com os pequenos.

Senti no peito grande expectativa, afinal, iria conhecer sua nova casa, Júlia, e ver novamente Carlos e Amélia. Preocupava-me com a passagem de Nana para que ela não sofresse muito. Ariel tranquilizou-me:

– A passagem será tranquila, Clara. Está tudo muito bem arrumado.

Chegamos então à tranquila casinha, já com a pintura descascando. O ambiente bucólico e de simplicidade me agradou imensamente. Na Terra eu gostaria de morar em local semelhante. Uma cerca de madeira, também precisando de reparos, circundava a casa, que tinha em seu quintal algumas boas frutas, como a banana e o limão.

Vi então, no pequeno terreiro atrás da casa, Nana dando milho a pelo menos uma dúzia de aves, entre galinhas e patos.

Nana geralmente gostava daquele tipo de serviço, mas via a sua tez negra vincada, como em expressão de cansaço e dor. Coloquei-me ao lado dela e disse, mesmo sem esperança que me ouvisse:

– *Que saudades tenho de ti, Nana, como é bom vê-la de novo.*

Ela levou as mãos ao peito e olhou em volta. Depois voltou a dar milho às aves, que se aglomeravam diante dela. Ouvi-a murmurando:

– Só me faltava essa agora! Depois de velha dei pra escutar coisas no vento.

Dito isso, deu largo sorriso e complementou:

– Às vezes parece que ainda estou escutando a menina Clara, que agora deve estar com os anjos. Fico feliz por ela não ver o que anda se passando por aqui, mas aqui se colhe o que se planta.

Ouvi então, ao longe, a cantoria de um aparelho de rádio que ficava na pequena sala. Adentrei o recinto já com os olhos bem abertos à tua procura. Qual não foi minha surpresa ao te ver recostada ao antigo sofá, deliciando-te com um livro finamente encadernado. Observei o vestido simples de algodão que já revelava um pouco as curvas de teu corpo jovem, e notei como mesmo em tão simples vestimenta tu te revelavas naturalmente elegante. O sol que batia de lado em teu rosto emprestava aos teus cachos uma linda luz, e me senti tão feliz de ver-te! Minha menina já tinha certos ares de mulher.

Teu semblante era tranquilo, ora divertido pela leitura, ora observando calmamente o que se passava no pátio. Olhou Nana com preocupação, pois nela notaste um cansaço maior do que o habitual. Levantaste e te dirigiste a ela:

– Nana, achas que deves ficar neste sol? Entra que já está bem quente!

Resmungos à parte, Nana deixou a cesta com o milho e entrou, indo para a cozinha refrescar-se com um copo de água. Pude observar que seu corpo parecia estar fazendo tremendo esforço, mesmo com tão pouca atividade. Por fim, sentou-se à mesa da cozinha pensativamente, a respiração já não era tão forte como antes, e sugar o ar já lhe parecia estafante.

Pensei no tempo que Nana tinha levado sobre a Terra, sempre servindo às pessoas e nunca sendo servida. No rosto dela, já moldado por algumas rugas, não se adivinhava a alma nobre que ali vivia. Eu nunca a tinha visto queixar-se de nada, embora tivesse levado uma vida muito mais humilde que a de Valerie. Nas festas de família sempre dormia tarde, depois de lavar a louça e deixar a cozinha em ordem. Só se sentava à mesa comigo e depois contigo, Júlia; nunca teve em sua encarnação um único dia de folga, era sempre o pesado trabalho de manhã até a noite. Ainda assim o amor que tinha por mim, e que ainda tem por ti, continuou presente. Pela minha mãe continuaram o respeito e admiração. Pensava ela então com certa preocupação a teu respeito, pois sabia que naquela casa agora humilde, muitos eram os sentimentos de revolta e ódio. Sabia que chegava a sua hora, ligada à espiritualidade como era – sua eterna imagem de São Jorge e o crucifixo, sempre à cabeceira da cama –, sentia que os laços que a ligavam à Terra estavam se tornando cada vez mais frágeis.

Na pequena cozinha de fogão a lenha ao fundo e pequenas panelas sobre ele, Nana divagava a respeito de sua infância na fazenda de meus avós, onde o fogão era imenso, e as panelas, sempre enormes. Lembrava-se também dos grandes pedaços de toucinho, a defumar perto do fogo, e sorriu com certa saudade. Sua mãe não tinha durado tanto como ela. Nana tinha apenas seus quinze anos quando a formosa negra, que se chamava Leocádia,

partiu na cozinha, a mão apertada no peito, sem tempo para um suspiro a mais.

Ponderou que muito tempo tinha se passado desde então, nem ela sonhava que fosse viver tanto, contava agora com seus quase oitenta anos, não sabia ao certo, já que mesmo ela não conhecia sua data de nascimento nem possuía documento nenhum.

Eram tempos diferentes dos que vejo hoje, Júlia, e Nana na realidade nunca precisou de documentos. Não achava também nada de estranho em não saber ler, e o pouco que conhecia da Bíblia vinha da época em que os padres iam à fazenda para realizar casamentos e batizados. Apenas ali entrava na capela, a missa rezada era coisa apenas para os brancos, e mesmo que ninguém a avisasse disso, ela já sabia. Ainda assim, encantou-se com as histórias dos santos contadas sempre por minha avó, quando descia à cozinha a fiscalizar o almoço, e tinha pelo seu "São Jorge" imensa admiração. Imaginava-o na Lua, na eterna luta com o seu Dragão, e isso a fazia sorrir sonhadora. Ela costumava me dizer que "um santo que pode com um dragão pode com qualquer coisa", e logo apelava a ele sempre que a coisa ficava difícil.

Quanto tempo, Júlia, viveu Nana sobre a Terra? Notei Ariel se aproximando e postando-se atrás de mim. Ele me chamou a atenção para uma mancha que se desenhava no peito dela.

– *Vês, Clara, aquela sombra ali?*

Assenti com a cabeça, ao que ele me explicou:

– *É o coração de Nana, reclamando que já bateu demais. Ela está assim já há alguns anos, mas agora realmente nos avisa dos seus momentos finais sobre a Terra. Podia ter ido antes, mas seu amor e sua preocupação por Júlia a seguraram por aqui.*

– E acontece isso, Ariel, de os sentimentos "esticarem" a nossa estada na Terra?

– Muito mais do que imaginas, Clara. E às vezes essas emoções também abreviam a nossa estada. Corpo e perispírito são profundamente ligados enquanto encarnados. Nos teus trabalhos de resgate não tens notado como alguns espíritos desencarnam sentindo ainda os efeitos da doença que os levou?

Lembrando-me dos casos tantas vezes vistos, tive de concordar. Diversas vezes me chegaram espíritos se achando ainda presos às sensações da doenças terrenas, me explicando enorme sofrimento. Depois de levados à enfermaria da colônia, pude vê-los se restabelecendo, alguns de forma rápida, outros lentamente. No entanto, alguns desencarnavam e já se sentiam bem, sem os sintomas da doença. Perguntei a Ariel sobre isso, que elucidou minhas dúvidas:

– É fato, Clara. Alguns já desencarnam e já se sentem restabelecidos, mas isso depende muito do desenvolvimento do espírito em questão. Deixado para trás o corpo físico, não existiria mesmo nenhum motivo para sentir os sintomas do corpo, mas pessoas que foram muito materialistas raramente conseguem isso, pois, para elas, a matéria era fundamental. Verás como Nana se sairá bem.

Lembrei-me de que Nana podia ter seus pequenos defeitos, mas ser materialista não era um deles. Na tua casa, Júlia, esperava ansiosamente pelos acontecimentos, mas sabendo ao meu lado o bom Ariel e Marcos, tranquilizei-me.

Ouvimos então um bater de porta e pude ver na pequena sala, junto a ti, Amélia, que acabava de acordar. Não pude deixar de me espantar com sua transformação: a moça chique de antes usava um delicado penhoar de seda azul, única coisa que ela ainda tinha de elegante. Suas formas tinham já mudado muito, e apresentava-se agora como uma matrona, devido aos quilos ganhos. O cabelo com a raiz castanha aparecendo reclamava os bons tratos que antes recebia dos caros cabeleireiros, e as unhas, antes sempre esmaltadas, careciam também de cuidados. Levantou-se mal-humorada e, esfregando os olhos, reparou na tua presença na sala. Dirigiu-se a ti:

– Que é que tanto lês, Júlia? Já lhe disse que esses romances de que tanto gostas ainda vão acabar te deixando mais desatenta do que já és. Que horas são agora?

Olhando o relógio da sala, respondeste:

– Passa das onze, Amélia. Logo papai estará aqui.

– E onde anda a imprestável da criada? Quero o meu café.

Ao ouvi-la falar assim, levantaste logo, pois já havias notado há dias que Nana não estava bem.

– Senta-te, Amélia, logo trarei para ti. Nana está cuidando do almoço.

Tendo dito isso, dirigiu-se à cozinha para pegar as louças. Não aprovei o comportamento dela com a minha filha e não pude deixar de pensar no que mais poderia ter ocorrido desde a mudança.

Chegando à cozinha deparaste com Nana sentada, ainda arfando um pouco. Ouvindo ela os comentários de Amélia, tinha se preparado para levar o café, mas tu a tranquilizaste.

– Deixa, Nana, que eu levo. Pode cuidar de teu almoço que já venho te ajudar.

Amélia, na sala, folheava revistas antigas de moda, com ar de desinteresse. Tive curiosidade de ver Carlos depois de tanto tempo. Como estaria agora? Espantada que estava com a mudança de Amélia, tentava imaginar como estaria teu pai também. Tu, ao contrário dela, parecias cada vez mais com minha mãe, delicada como ela só. Mas dentro de ti via uma força e uma vontade bem maiores que a tua frágil aparência demonstrava. Instinto de mãe é claro, Júlia, notei logo que ali estava uma moça de opiniões bem formadas. Vi-a sentar-se ao lado de Nana, colocando a mão em sua testa, preocupada com o suor abundante que corria pela sua face:

– Tens febre, Nana? Não me pareces nada bem...

– "Achaques" de velha, menina Júlia, nada além disso. E, depois, o sol já está forte. Senti calor, só isso.

Notei nela o ar cansado, terrivelmente cansado, olhava para as panelas no fogão e se perguntava como terminaria o almoço. Levantou-se e pôs-se a mexer o feijão de forma pensativa; ao que parecia, continuava fazendo todo o serviço da casa. Tu desconfiaste de pronto de que algo não estava como de costume, e levaste Nana de volta à cadeira decididamente:

– Deixa que eu termino isso, Nana. Sabes muito bem que quando precisar deves me chamar para ajudar-te. É muita coisa só pra ti.

Notei nela o sorriso fraco. Sabendo-a orgulhosa de seu serviço, esperei por uma resposta malcriada, mas não foi o que aconteceu:

– Estou com uma "zonzura" na cabeça, menina. Mas isso passa, das outras vezes passou também.

Ela tentou se levantar, mas sentiu a cozinha girar à sua volta, e o peito apertar-se em dor já mais forte. Lembrando-se da morte da mãe na cozinha da fazenda, o medo transpareceu em seus olhos, e ela assentiu finalmente:

– Tenho de ir deitar-me um pouco, menina, qualquer coisa me chama.

Dirigiu-se para o quartinho dela, antes uma despensa da casa, e buscou por fim deitar-se em seu colchão forrado de capim. A imagem da mãe parecia persegui-la, e Nana pôs-se a rezar as orações que sabia. Por fim, quando Ariel postou as mãos sobre ela em passe reconfortante, adormeceu.

Na cozinha continuavas a fazer teu almoço, de forma meio atrapalhada. Nana nunca tinha te deixado fazer nada daquilo; sentiste-te realmente preocupada. Quando teu pai chegasse, buscaria ajuda para Nana, pois não se animava em deixá-la só.

Na sala, Amélia, que ainda se entretinha com as velhas revistas muitas vezes lidas, tomava tranquilamente o seu café. Pela sua mente os mais variados pensamentos sucediam-se: pensava no abandono das "amigas", agora que a sabiam em bairro modesto. "Bando de falsas", pensava com amargura. Reconhecia, porém, que se estivesse no lugar delas agiria da mesma forma.

"Ninguém gosta de pobreza", pensava ela, e doía-lhe a perda de tudo o que julgava tão importante. Lembrou-se de quando tinha ido à rua principal da cidade a fazer suas compras – agora bem mais humildes – e avistado algumas das ex-companheiras. Tinha feito amplo sinal com as mãos e os braços para cumprimentá-las, mas logo que a viram, dobraram outra esquina, esquivando-se. Tantas vezes essas mesmas mulheres tinham comparecido à sua casa para os chás e as festas, e agora a evitavam como se portasse a "peste".

As simples vizinhas que tinha agora lhe pareciam simplórias demais. Não faria amizade com gente assim tão diferente dela. Carlos sofreria em suas mãos a humilhação pela qual estava passando.

Já irritada, levantou-se para ver o que tinha sido feito de almoço e deu contigo na cozinha, ainda a mexer tuas panelas de forma um tanto desastrosa:

– Onde está a criada, Júlia? Que fazes aí?

Pude notar teu olhar de exasperação:

– Nana foi descansar. Sentia-se mal, de forma que sou eu quem terminarei o almoço para meu pai.

Sabendo que Nana nunca tinha abandonado o serviço doméstico, Amélia arqueou as sobrancelhas como em espanto, para depois sentar-se mais perto de ti:

– Essas criadas depois de velhas não prestam mais. Teu pai devia mandá-la embora, afinal, seria uma boca a menos para alimentar nesta casa.

Ouvindo semelhante observação, pude notar o teu desagrado. Referia-se à tua pessoa mais querida, como se ela fosse mercadoria estragada e sem serventia. Não entendias como Amélia podia ser tão dura e cruel com Nana, e só esperavas que ela não estivesse ouvindo semelhante observação, pois não a querias magoada, além de doente. Sabendo que da cozinha à despensa onde Nana dormia a distância era pouca, cuidaste de tirá-la dali sem demora, o que não foi difícil:

– Pois se não vais ajudar-me com o almoço, que também não atrapalhe. Deixa-me com o serviço que ele não me incomoda, ao contrário de ti, que temes estragar as mãos.

Tive de achar graça no "arregalar" de olhos de Amélia. Murmurando qualquer coisa, foi para seu próprio quarto e lá trancou-se, para tua tranquilidade. Não pude deixar de admirar-te Júlia; mesmo sendo muito educada, deste à mulher uma resposta que eu nunca daria, pois todos os que me conhecem me sabem tímida. Ariel e Marcos também observavam a cena e sorriram para mim. Marcos não pôde deixar de comentar:

– Notas, Clara, como é decidida a nossa Júlia?

– De fato, e orgulho-me dela. Existem certas situações que devem ser enfrentadas, só me espanto porque eu, mãe dela, sou tímida em excesso nessas situações. Nunca soube ser firme, Marcos.

Ele me sorriu de novo, mas lembrando-se de algumas cenas que havíamos passado juntos, observou:

– Não sei se andas assim tão retraída, Clara. Se bem me lembro, foi tua firmeza e tua doçura com Valerie que a convenceram a deixar o umbral. E, na Terra, quando todos me abandonariam, também foste forte. Tens evoluído muito, minha querida. Nem de longe és o que imaginas ser, devias acreditar mais em ti mesma.

Ariel, que estava perto, pareceu concordar com a cabeça. Nunca antes eu havia pensado em mim como pessoa de fibra. Agradeci ao elogio de Marcos, vaidosa, mas pus-me a pensar que, muitas vezes, as pessoas que gritam e exigem é que necessitam mais de coragem.

Notei que tu, Júlia, estavas realmente nervosa. Sentias que Nana estava realmente mal, e veio em ti um certo pânico que ela morresse. Nana tinha sido a tua mãe durante toda a tua vida, e mesmo que tu te identificasses bastante com minha mãe, eram de Nana que recebias os carinhos e as atenções diárias. Continuavas de forma enérgica a cortar alguns legumes, parando às vezes para espiar Nana, que dormia em sono reparador, conduzida por Ariel. Por fim, começaste a colocar a mesa para seu pai e aguardá-lo ansiosamente.

Ocorreu então singular fenômeno: Nana, em espírito, deixou o corpo e, ao me ver ali, deu imenso e largo sorriso.

- Clara! Que linda estás, Clara! Morri e tu "veio" me buscar?

Ao dizer isso, ela assustou-se e olhou para o corpo estendido na cama, que ainda respirava com dificuldade. Rapidamente expliquei-lhe, pegando-lhe as mãos frias:

— Não, minha querida. Ainda vives, mas tua hora não demora muito mais. Não tenhas medo, Nana. Eu nunca te menti, e não te mentiria agora. Vim ver-te para te ajudar.

Nana olhou em volta para o pequeno quartinho e suspirou. Viu-te então pela porta aberta do quarto, lidando com teus afazeres:

– A menina Júlia não pode ficar só, Clara. Muito tem acontecido aqui desde que tu "foi" embora. Seu Carlos se casou de novo, e a mulher dele é uma peste. Se eu for embora pode maltratar Júlia.

– Tenho acompanhado os acontecimentos, Nana – respondi –, *sei das dificuldades que Júlia enfrenta. Mas tenhas fé, tudo tem seu tempo pela Terra, e educaste Júlia muito bem. Ela é bem mais decidida do que imaginas, e muito mais forte também.*

Nana me olhou desconfiada, como quem diz: "será?". Tranquilizei-a mais um pouco. Notou então a presença de Ariel e Marcos e, com os olhos, me perguntou quem eram.

– Marcos – respondi-lhe – *é o homem que sempre busquei encontrar e que agora me faz companhia. Ariel é um desvelado amigo e protetor.*

– São anjos? – perguntou-me ela. – *Não, minha querida, mas são bondosos e também vieram te ajudar.*

Notei que ela já estava cansada. Ariel, com novo passe, deixou-a voltar ao corpo e, desta vez, ela apenas descansou profundamente. Na casa pude notar movimento vindo do portão da rua e cheguei-me curiosa para ver Carlos, subindo para a casa.

Que aspecto cansado tinha meu querido amigo! Os cabelos rareavam, vinha com a camisa suada e a pasta de couro que sempre levava consigo. Parecia bastante acalorado. Ao entrar em casa, chamou-te:

– Júlia, onde estás, querida? O almoço está pronto?

Saindo do quarto, Amélia foi ao seu encontro ainda em trajes de dormir. A expressão de desgosto de Carlos ao vê-la me foi clara. Parece que não viviam bem de fato. Carlos, sempre que a via, temia por novas admoestações:

– A imprestável da criada está passando mal, e Júlia está na cozinha, terminando o almoço. Tens de dar um jeito nessa menina, que anda ficando cada vez mais insolente.

Ao saber de Nana, Carlos preocupou-se. Já tinha notado nela certos sinais de cansaço que demonstravam o quanto ela andava perdendo as forças. Ouvindo a mulher, dirigiu-se rápido à cozinha, pois, ao contrário do que Amélia supunha, tinha ele por Nana um grato sentimento de amizade.

– Júlia, que aconteceu a Nana?

Ao vê-lo, teu sorriso abriu-se: finalmente chegava quem poderia auxiliá-la. Deixando de lado as facas e as panelas, enxugaste as mãos na saia e respondeste a teu pai:

– Nana não está bem, pai. Desde cedo tem apresentado sinais de muito cansaço. Temos de chamar um médico, pois acho que desta vez a coisa é mais séria.

Carlos dirigiu-se ao quarto da enferma e constatou os suores frios e a dificuldade de respiração. Virou-se para ti:

– Não seria apenas o calor, Júlia? Tem feito um clima infernal, e Nana já tem certa idade.

Negando com a cabeça, informou-o das tonturas e dos suores frios. Carlos então franziu o cenho e respondeu:

– Vou chamar o médico, Júlia. Tu cuidas dela, acho que um lenço fresco com água na testa a ajudaria a ter mais conforto; aguarda que volto logo.

Dito isso, pegou de volta a maleta e saiu. Amélia, que observava a cena, não pôde deixar de comentar maldosamente:

– É só o que faltava agora, gastar dinheiro com médico. Não vê que ela está é velha? Daqui a pouco melhora, é só corpo mole.

Notei em teus olhos, Júlia, pensamentos pouco cristãos para com aquela senhora. Mas contiveste a raiva e tornaste a prestar atenção em Nana, que mesmo com toda aquela conversa continuava dormindo. Seguindo o conselho de teu pai, a deixaste o mais confortável possível, tirando-lhe os sapatos e colocando sobre a testa dela um pano embebido em água. Amélia, pouco à vontade com a situação, foi-se para a sala aguardar por Carlos.

Não pude deixar de meditar, Júlia, na mudança havida em tua vida e na de Carlos. A despeito de tudo, Carlos parecia estar trabalhando e lutando para prover o teu sustento e o de tua madrasta. A observar pela roupa simples de agora, destituída de acessórios faustosos, notei que a empresa dele realmente tinha falido, os ombros um pouco encurvados atestavam isso também. Como nunca fui dada a luxos, pensei que essa prova para Carlos poderia ser boa, pois assim, sem as vaidades terrenas a que estava acostumado, poderia ser mais feliz.

Eu não tinha tal esperança com Amélia, que parecia agora muito contrafeita com tudo. Permanecia ela na preguiça de sempre, com o mesmo raciocínio infantil e egoísmo constante. Nana indo embora, não gostaria que ficasses ali, com eles. Cumpria pedir à minha mãe que te acolhesse o mais cedo possível, pois eu temia por ti, devido ao temperamento de Amélia.

Nana aos poucos dava sinal de acordar, lentamente. A respiração tornando-se mais forte graças aos passes de Ariel. Ao ver-te sentada ao lado de sua cama, sentou-se de pronto, mas sorriu um tanto sem jeito.

– Está aí há muito tempo, Júlia? O almoço de teu pai tem de estar pronto.

– Não te preocupes com o almoço dele, Nana, ele foi buscar um médico para ti. Tua saúde agora é o mais importante. Como te sentes?

Ela olhou as pobres paredes que a cercavam, com um misto de compreensão e simpatia. Gostava de seu quartinho pobre, perto da cozinha e do terreiro. O ar já não estava tão quente, o que a acalmou um pouco:

– Faz tempo que dormi? Que horas são?

– Perto das duas da tarde, Nana. Tens fome? Vou pegar umas frutas pra ti.

Vendo-se mimada, ela, que sempre tinha mimado os outros, quis reclamar. Mas ao ver-te tão dedicada, deixou que cuidasses dela. Comeu as frutas lentamente enquanto te olhava, e disse:

– Sabes que hoje sonhei com tua mãe? Estava tão bonita, brilhante, tenho de te falar algo, Júlia, é importante.

Prestando atenção a ela, sentaste ao lado, curiosa:

– Que foi que sonhaste, Nana? Foi sonho bom?

– Com tua mãe, todos os sonhos seriam bons. Ela disse que já não tenho muito tempo aqui e que não devo ter medo. Parece que ainda a sinto, aqui, neste quarto. Veio com dois anjos pra me buscar.

– Te buscar – assustou-se Júlia –, mas já? Vais me deixar sozinha, Nana? Sem ti terei de ficar só com Amélia nesta casa, não quero! Não fales bobagens assim, que me assustas.

Nana tomou fôlego, o coração apertado por sua menina mais querida. Sentia, no entanto, que devia aconselhar a ti o mais cedo possível, pois o tempo realmente estava acabando. Cheguei perto dela e disse-lhe ao ouvido:

– *Diz que vá para minha mãe, Nana. Lá ela estará protegida, e eu ficarei tranquila.*

Após longo suspiro, segurando as tuas mãos, ela te segredou:

– Deves ir ficar com tua avó, que há tanto tempo te pede isso. Sei que amas teu pai e queres ajudá-lo, mas ficando aqui tu não serias feliz e, com isso, ele também não. Deves ir para a casa de tua avó o mais cedo possível, prometes? Assim que eu me for?

– Não digas bobagem, Nana. Papai já chega com o médico. E, depois, sabes como Amélia o trata, não posso deixá-lo aqui.

– Teu pai é homem adulto, Júlia. E deve resolver suas próprias encrencas. E, depois, não peço para deixar de vê-lo, apenas para não morar mais com ele. É importante, prometes, Júlia?

No teu rosto pude enxergar a emoção que tais palavras te causavam. Perder Nana era por demais doloroso, mas sair da casa de teu pai, apesar das ofertas de tua avó, te custava muito. Percebeste no entanto que sem Nana ali Amélia se tornaria ainda mais irascível, por isso entendeste Nana, e disseste:

– Prometo, Nana. Custa-me fazer isso, mas acho que estás certa. Agora descansa, que eu ainda te quero conosco por longo tempo.

Mais calma, Nana recostou-se novamente nos travesseiros. Olhando por cima de teu ombro, me viu, junto com meus acompanhantes, e sorriu, guardando segredo para si. Depois disso entrou em sono profundo, precursor de sua despedida da Terra, e a respiração tornou-se ofegante novamente, as dores no peito voltaram com força, e quando teu pai retornou com o médico, foi apenas para declarar-lhe o coma e prepará-la para sua separação.

Cheguei para perto de ti em oração profunda, colocando minhas mãos sobre a tua cabeça abaixada, pedindo a Deus que te desse calma nesta hora. Minhas orações aparentemente te ajudaram; não estarias sozinha, Júlia, nem hoje nem nunca. Ariel ajudou a desfazer os laços que prendiam Nana à matéria, o que demorou certo tempo. Vimos então chegar formosa negra de aproximadamente quarenta anos, com a face iluminada e as mãos estendidas para recebê-la. Nana, saindo do embate, reconheceu de pronto a mãe dela, que havia tantas décadas não via, e Ariel finalmente desfez seus laços carnais, fazendo com que ela exalasse um profundo e último suspiro.

Tais cenas foram comoventes, mas estranhas. Tuas lágrimas, Júlia, molhavam o velho e surrado lençol que cobria Nana. Teu pai a amparou, observado de longe por Amélia, que ficava em silêncio. E Nana, do lado de cá, feliz por me ver e a mãe dela, porém em lágrimas ao te ver sofrendo. Ariel, que estava em silêncio até então, disse a ela:

— Não te preocupes, Nana. Não somos "anjos" aqui, mas desejamos muito o teu bem. E o Pai eterno está feliz contigo e com a tua encarnação que agora se finda. Passaste por provas difíceis para boa parte dos seres humanos, e aqui estás, vitoriosa. Serás muito bem-vinda aonde vamos. Mas, agora, devemos fazer com que descanses. Deus não abandona, Nana, lembra-te disso.

Feito isso, a levamos para a enfermaria da colônia, ainda meio adormecida. Sentindo um imenso cansaço, apesar das dores terem desaparecido, ela concordou com tudo o que lhe pedíamos, feliz por estar ali.

Vigésima quinta mensagem

Notícias para Júlia

Nana se recuperou rapidamente na colônia, Júlia. Tivemos alguns episódios engraçados, quando ela queria de qualquer forma ver São Jorge e a Virgem de sua devoção. Achou que isso aqui era tão bonito, que teve certeza de estar no céu. E foi complicado explicar que teria de se contentar com nós mesmos.

Decidiu morar comigo aqui; a mãe dela entendeu. Era estranho ver as duas juntas: a mãe, desencarnada na mocidade ainda, parecia filha de Nana, de idade mais avançada. É preciso que se diga que na medida do desenvolvimento dos espíritos eles podem "trocar de forma", e alguns aparentam assim a idade que desejam, ou ainda a aparência de outras encarnações. A aparência física aqui não conta muito, pois com a faculdade que temos de perceber os sentimentos uns dos outros, não adiantaria nada uma aparência "arrumada" como a da Terra e sentimentos menores. A pessoa mais bonita que vi aqui foi Olívia, que se trajava com simplicidade, porém os sentimentos muitos puros a faziam translúcida. Não há roupa mais bonita que a fé e a bondade.

Nana continua ainda com a mania de servir sempre. Por mais que lhe diga que aqui não trabalha para nós, as décadas de servidão a acostumaram assim. Marcos disse que isso é bom, pois livre é quem serve aos outros, e escravo é quem precisa ser servido. Então parei de implicar. Caminha ela agora bastante empinada, e resolveu, como eu previa, trabalhar com as crianças. Fica lá um tempo enorme, afeita a cuidar dos pequenos, que muitas vezes aqui chegam bastante confusos. Soubessem as mães sobre a Terra do destino de seus filhos quando aqui chegam, ficariam felizes. Claro que isso depende muito do espírito que habitava o corpo da criança, mas a grande maioria fica muito bem cuidada.

Sei que agora estás com tua avó, que muito te ama e te ampará enquanto viver. Visitando-a outro dia, te vi muito linda, discutindo animadamente tese de filosofia com um amigo do avô. Terás alguma dificuldade para que ele deixe que faças a faculdade, mas, com teu jeitinho meigo, certamente conseguirás.

Tua avó te exibe sempre que pode, e é sempre aquele comentário: "É igual a mim quando moça, só que mais inteligente!". Ela muito se orgulha de ti. Fui informada aqui que terás importante missão nos campos terrenos, e oro sempre para que Deus te acompanhe em tuas decisões. Quando pergunto o que estás destinada a fazer, recebo logo um aviso de Ariel:

"*O futuro a Deus pertence, Clara, não sejas curiosa ou podes influenciar a menina*".

A isso eu me calo, mas fico pensativa.

Mães são sempre mães, Júlia, sempre queremos saber o que acontecerá aos nossos filhos, com quem se casarão, se serão felizes. Às vezes visito minha mãe e a vejo parar diante de meu

retrato, no qual pareço tímida, com meus longos cabelos escorridos. Enxugando discreta lágrima ela me sorri, limpa o rosto e segue em frente. Não sabe ainda o quanto estou feliz aqui e que, na verdade, nunca estive longe. Tenho por ela imenso carinho, pois sei que à sua maneira muito me amou e cuidou de mim.

Teu avô segue bem em seus negócios, sempre teve tino para eles, num talento natural e honesto. Embora não saibas, foi ele que conseguiu emprego para teu pai e completa o salário dele todos os meses para que não lhe falte nada. Nem minha mãe sabe disso. Ele achou melhor não contar, mas assim consegue que tu fiques sossegada, pois sempre que podes encontras o teu pai no centro da cidade para o café e os bolos de que tanto gostas.

Surpreendentemente, teu pai não faz referências a seu passado como homem de posses, como fazem tantos que perdem a fortuna. Anda bastante animado com seu emprego mais simples e se diz muito mais tranquilo agora; o único senão é Amélia, que ainda não se conforma com sua atual situação. Passa os dias entregue aos doces, que tanto ama, e criticando uma pequena criada que seu pai conseguiu para ela. Ele fica longe de casa o maior tempo possível, mas deixou o jogo, o que muito me alivia.

Valerie aqui dá passos lentos, mas não pensa de forma nenhuma em voltar ao umbral. Passou dificuldades tentando vencer seus hábitos e costumes, mas, guiada por bons companheiros, ela agora está tendo a chance que não teve na encarnação passada: a dos bons exemplos. Ainda encara Marcos com dificuldade, provavelmente por arrependimento do passado, mas já recupera um pouco do viço da tez rosada de antes e se mostra bastante inteligente. Tem ido conosco para o estudo das Escrituras e se deslumbra com as palavras de Jesus. Acho, Júlia, que Jesus tem essa mágica, de encantar mesmo os corações mais endurecidos.

Perguntou ela outro dia a um senhor muito distinto que nos dava uma "palestra" o porquê de não seguirem os exemplos reais de Jesus aí na Terra. Reclamou – com certa razão – do fausto que a maior parte das religiões segue, enquanto tantos pobres circundam as igrejas e casas de oração, e da discriminação que sofrem os perdidos da rua e as prostitutas. Nosso venerando irmão respondeu que tudo isso mudaria com o tempo, que a humanidade ainda necessita de várias provações para entender e executar a mensagem do Cristo. Mas alertou que no passado as coisas eram ainda mais duras, lembrando as fogueiras da Inquisição e a dura perseguição contra outros povos.

E que ainda assim, no meio de tantos erros e tanto abusos, a mensagem do Cristo era mais forte, sempre incentivando a caridade e o amor ao próximo. Disse que mudanças verdadeiras levam tempo, e que a felicidade do amor do Cristo seria sempre difundida.

A essa explicação, Valerie calou-se e ficou meditando por um bom tempo. Acredito que, em seu coração, agora ela perceba que também podem existir o amor e a amizade desinteressados. Não a julgamos aqui, e quem somos nós para tanto? À medida que nos desenvolvemos na graça do Senhor, nos recordamos de um passado que também é cheio de erros e acertos. "Nem um cabelo cairá da tua cabeça se não for da vontade de Deus", diz a palavra divina, e é verdade. Pequenos somos, minha adorada Júlia, para entender a real grandeza dessas palavras.

Marcos e Ariel participam sempre de encontros onde se estudam a origem das coisas e a ciência que, ao poucos, anda sendo mostrada aos homens, e comentam comigo os tópicos. Eu, que nunca fui muito erudita, fico sentada horas vendo os dois travarem animada discussão. Nunca achei que seria tão feliz, minha Júlia, como sou aqui. Tenho desenvolvido lados que

antes nem sabia que tinha. Marcos comenta orgulhoso o "meu talento" de conseguir conversar com os espíritos que antes não queriam ser ajudados e que hoje já constituem parte de nossa comunidade.

A humildade é uma das maiores virtudes, Júlia, para contrabalançar com a vaidade que tanto atrapalha a felicidade dos homens; sou aqui muito amada porque amo muito, e é apenas isso que me move. Agradeço a Deus todos os dias a oportunidade de servir e a proteção que sempre tem nos dado.

Deus não abandona, Júlia, a verdade é essa. Acompanhar-te-ei também sempre que possível, ligadas que estamos. Irei me encantar com tuas descobertas e me orgulharei das tuas façanhas e acertos. Há um pouco de Deus em certas mães, embora outras ainda declinem desse dever e da alegria da maternidade.

Nana, que nunca foi mãe de fato, mas que "criou" a nós duas, te manda mil desejos de paz e quer que saibas que aqui estamos, prontas para ouvi-la sempre.

Certa que estou de que ainda nos encontraremos no mesmo plano, me despeço aqui.

Tua mãe,

Clara